Ana Cláudia Ferreira de Deus Vieira
& Jerônimo Araújo de Deus Vieira

Duas vezes mãe de gêmeos: a história

Experiências práticas, dicas e emoções
baseadas em vida real

Copyright© 2021 by Literare Books International
Todos os direitos desta edição são reservados à Literare Books International.

Presidente:
Mauricio Sita

Vice-presidente:
Alessandra Ksenhuck

Diretora executiva:
Julyana Rosa

Diretora de projetos:
Gleide Santos

Relacionamento com o cliente:
Claudia Pires

Edição:
Leo A. de Andrade

Capa, projeto gráfico e diagramação:
Gabriel Uchima

Revisão:
Ivani Rezende

Impressão:
Impressul

Dados Internacionais de Catalogação na Publicação (CIP)
(eDOC BRASIL, Belo Horizonte/MG)

V657d   Vieira, Ana Cláudia Ferreira de Deus.
       Duas vezes mãe de gêmeos / Ana Cláudia Ferreira de Deus Vieira, Jerônimo Araújo de Deus Vieira. – São Paulo, SP: Literare Books International, 2021.
       14 x 21 cm

       ISBN 978-65-5922-188-2

       1. Literatura de não-ficção. 2. Maternidade. 3. Gêmeos. I. Vieira, Jerônimo Araújo de Deus. II. Título.

CDD 649.122

Elaborado por Maurício Amormino Júnior – CRB6/2422

Literare Books International.
Rua Antônio Augusto Covello, 472 – Vila Mariana – São Paulo, SP.
CEP 01550-060
Fone: +55 (0**11) 2659-0968
site: www.literarebooks.com.br
e-mail: literare@literarebooks.com.br

Agradecimentos

A Deus, Inteligência Suprema, causa primária de todas as coisas.

Aos mediadores da Luz que me guiam, me amparam e me protegem.

À força infinita e inesgotável do Universo.

Ao meu esposo amado, Jerônimo, por suportar tantas adversidades com fé, por ter-me fortalecido nos momentos de fragilidade e dificuldades, e por entender, apoiar, ajudar e compartilhar nosso ambicioso projeto familiar de constante evolução intelectual, moral para ajudar famílias de gêmeos. Nunca se esquecendo de ser meu fã número 1.

À minha família, por entender meus afastamentos necessários dedicados aos estudos e à minha missão de ajudar outras mães de gêmeos.

À minha mãe, Maria Darc, e à minha sogra, Magali, por terem me ajudado em momentos de fragilidades e necessidades.

Aos meus filhos amados, Théo, Henrique, Zion e Thor; sem eles, nada seria e nada disso existiria.

A todas as mamães e papais, principalmente os de gêmeos, que me apoiam, confiam em mim e me acompanham, diariamente, nas redes sociais.

Apresentação

@duasvezesmaedegemeos: quem sou eu?

Olá, tudo bem? Que enorme prazer compartilhar esse conhecimento e um pouquinho da minha história com você! Primeiramente, muito obrigada pelo interesse. Espero que goste, pois preparei com muito carinho e respeito a você, mamãe, papai, filho ou, simplesmente, amante do mundo gemelar.

A primeira questão que gostaria de levantar aqui é: pode um raio cair duas vezes no mesmo lugar? Se você ainda acredita que não, concito a rever seus conceitos. Pode sim. E ele cai duas, três e até mais. Poderia reservar vários parágrafos para falar das minhas experiências profissionais como pesquisadora, pelo fato de ser pós-graduada em Biossegurança e Bióloga por formação.

Também sobre minhas experiências em sala de aula, pelos meus mais de dez anos dedicados à educação, como professora de ciências, biologia, física e química. Já adianto: com certeza, usei bem meus estudos acadêmicos para aprofundar meus conhecimentos sobre genética e a biologia dos gêmeos. Mas antes mesmo de entrar nessa questão, vou dedicar o máximo de linhas possíveis a falar das experiências adquiridas da minha principal atividade que é ser mãe de duas duplas de gêmeos.

Antes, permita-me uma breve apresentação. Claro, minha apresentação não é, e nunca será, convencional. Verá por quê. Meu nome é Ana Cláudia e costumo dizer, em seguida, que sou mãe. Mãe de gêmeos.

"Nossa! Que legal! Mãe de gêmeos! Deve dar trabalho, né?" Quantas vezes ouvi isso em minha vida.

Sim, sou mãe de gêmeos. Mas não sou uma mãe de gêmeos, apenas. Ou melhor, não sou apenas mãe de gêmeos.

Apresentação

Sou mãe de gêmeos e de gêmeos. Ixi, confundi? Calma, vai dar certo. Mais uma vez: sou mãe de duas duplas de gêmeos. Isso mesmo! Fui mãe de gêmeos univitelinos (idênticos) aos 24 anos. E novamente, mãe de gêmeos univitelinos aos 29. Prazer: sou a "duasvezesmaedegemeos" e minha principal atividade é ser mãe. Agora me apresentei, né?

Hoje meus gêmeos estão crescidinhos. A primeira dupla, Théo e Henrique, frutos do meu casamento anterior, completaram 17 anos em agosto de 2021. Os mais novos, Zion e Thor, filhos do meu atual marido, completaram 12, também em agosto. Sim, todos são univitelinos, gerados de gravidezes não planejadas, de forma natural e nascidos no mês de agosto.

Realmente meu marido e eu tivemos muito trabalho durante todo esse tempo. Mas tudo foi aprendizado que hoje uso para ajudar outras mães a serem mais felizes, mais calmas, mais conscientes, com tempo e disposição para cuidarem dos filhos, de si, do marido e de qualquer outra coisa que preferirem para si.

Após perceber a grande quantidade de perguntas que recebia em meu Facebook, a maioria vindas de mães curiosas por conhecer um pouquinho do meu estilo de vida, criei um perfil no Instagram (@duasvezesmaedegemeos), em que posto dicas diariamente. Hoje conto com mais de 50 mil seguidores.

Apresentação

Além disso, criei um site, o www.duasvezesmae-degemeos.com.br, em que procuro reunir o possível sobre o mundo gemelar. No meu site, você poderá encontrar dicas, histórias, fotos, cursos, serviços, produtos... Nossa! Tanta coisa! Que tal dar uma passadinha lá?

Assim minha atividade principal hoje é ser mãe. Viver, aprender, ensinar e ajudar. Cada dia é um aprendizado que compartilho, com muito prazer, com milhares de pessoas. Ser mãe é especial e, quando aprendemos a executar essa valorosa função com amor, carinho e respeito, conciliando essa tarefa provinda de Deus com diversão, atividades para a manutenção da saúde física e mental, tais como o *crossfit*, musculação, ciclismo, Yoga e meditação, tudo se completa e fica mais leve e gostoso.

Hoje estou numa situação mais confortável, com meus filhos em fases da vida que não demandam atenção e cuidados físicos como já deram no passado. Passei por muitos perrengues, dificuldades, dias e noites difíceis e muitas vezes me deparava sozinha, sem alguém a recorrer. Então me perguntam, não tinha ajuda de ninguém? Não é bem isso que estou falando. Tinha ajuda de pessoas maravilhosas, com excelentes intenções, mas, assim como eu, à época, carentes de informações úteis sobre gêmeos. O mundo gemelar é fascinante. Mas não é nada fácil. E não pretendo aqui romantizar a questão. Mães de gêmeos, em grande número, sofrem com diversas doenças de ordem psicológica. Ser mãe de gêmeos é uma combinação de muito trabalho e amor. Exige inspiração, disposição constante, resiliência, apoio e muito conhecimento.

Assim resolvi dedicar horas, ou melhor, muitas horas da minha vida a ajudar outras mães a terem o máximo de conhecimento sobre o mundo gemelar. E como não há receita de bolo, ofereço o máximo de informação prática de como é a vida com os gêmeos, baseada na minha vida, no que aprendi, nos conhecimentos que obtive e apliquei e continuo a aplicar nas minhas duas duplas de gêmeos.

Apresentação

Vamos então ao que interessa? Vamos lá, porque tem muito conteúdo legal para você explorar adiante. Espero, sinceramente, que goste do meu trabalho e que ele contribua para seu crescimento e aprendizado.  Ah, que tal tirar uns minutinhos para conhecer também minhas redes sociais? YouTube, Instagram, Facebook, TikTok, Kwai, Twitter. Tenho todas! Sempre me identifico como "duasvezesmaedegemeos". Qualquer coisa, acesse www.duasvezesmaedegemeos.com.br que lá tem o acesso a todas as redes sociais. Espero por você lá!

Gêmeos, que mundo é esse?

De modo geral, o Brasil não dispõe de muitos benefícios para atender as famílias com filhos gêmeos ou múltiplos. Além disso, as famílias de gêmeos têm dificuldade de encontrar fontes seguras sobre gêmeos, de conhecimento aplicado à prática, daquilo que podem, com mais facilidade, aprender e praticar imediatamente.

O mundo gemelar é um mundo incrível de sentimentos, de intensidade, de disposição e de informações soltas, difusas, difíceis. Sempre fui inconformada com a falta de informações disponíveis sobre o universo gemelar. Mas, e aí? Ficar inconformada não resolve nada, pensei. Absolutamente nada. Decidi então fazer diferente.

Resolvi dedicar meu tempo para encontrar uma maneira de resolver ou minimizar esse problema. Por que não contar minha história e passar um pouco do meu conhecimento adquirido?

Pronto. Esse mundo, a partir de agora, será de informações concentradas, reunidas, para ajudar o máximo de pessoas possíveis. Além disso, resolvi criar conteúdo útil diariamente em minhas redes sociais. Sigo cumprindo meu compromisso.

Apresentação

Espero que este material seja útil para ajudar não apenas mães de gêmeos, mas toda a sua família.

Sumário

Introdução
Por onde começar? 17

Capítulo 1
Ajustando a rotina à nova realidade 23

Capítulo 2
A chegada dos meus caçulas........................43

Capítulo 3
44 dias 49

Capítulo 4
Meus caçulas em casa......................................71

Capítulo 5
Os gêmeos estão crescendo...........................97

Capítulo 6
E o tempo voa 125

Capítulo 7
Quero meus bebês de volta? 137

Bônus
As frases ditas a uma
mãe de gêmeos: as 10+................................143

Introdução
Por onde começar?

Como vocês sabem, tenho duas duplas de gêmeos. Théo e Henrique, que nasceram em 2004, Zion e Thor, em 2009. São mais de 17 anos de experiência e convívio com gêmeos, além de muito estudo, dedicação ao tema e contato com outras mães, na intenção de oferecer um pouquinho do meu conhecimento e ajudar de diversas maneiras, cada uma delas, com necessidades peculiares.

Poderia iniciar essa história a partir do nascimento do Théo e Henrique. Contaria os desafios de ser uma mãe de gêmeos de primeira viagem?

Ou uma universitária grávida de gêmeos? Ou o desafio de ser mãe de gêmeos sem tanto acesso a informações. Poderia começar por aí? Certamente, sim. Entretanto o desafio que propus neste livro foi apresentar a história sob outra ótica: a de ser mãe de gêmeos duas vezes.

Afinal o que significa ser mãe de duas duplas de gêmeos? Uma mãe, talvez, fará uma suposição baseada em sua realidade. Uma experiente mãe de gêmeos, sabendo de tudo o que passou, possivelmente terá várias questões a levantar, principalmente das dificuldades que passou ao cuidar de seus bebês.

Essa pergunta possui muitas respostas. Uma delas é a minha: ser duas vezes mãe de gêmeos significa aprender muito com tentativas e erros com os primeiros gemelares e aperfeiçoar aquilo que deu certo e corrigir e/ou aprimorar o que não funcionou bem. Quero dizer, é ter muita história para contar, muita prática e experiências vividas. E, certamente, isso pode ser bem útil para muitas mamães mundo afora.

Assim por que não contar uma história rica em experiências e apresentar sugestões daquilo que aprendi ao longo de todos esses anos?

No capítulo 1, "Ajustando a rotina à nova realidade", apresento um pouco da minha vida quando soube da nova gravidez, os sentimentos na nova realidade e como preparei a casa, a família e minha vida para receber mais uma dupla de gêmeos.

No capítulo 2, "A chegada dos meus caçulas", retrato todos os acontecimentos anteriores ao nascimento dos bebês e listo os aprendizados retirados dessa fase, com dicas preciosas para as mamães estarem preparadas para o dia do parto.

No capítulo 3, "44 dias", trago detalhes do nascimento dos meus filhos e toda a jornada que enfrentei após o nascimento. Conto também detalhes sobre a internação na Unidade de Terapia Intensiva, a dor de sair do hospital sem meus filhos, a experiência vivida e inesquecível durante a tentativa de alta médica da UTI e a saída do hospital.

No capítulo 4, "Meus caçulas em casa", emocionante e rico em detalhes inesquecíveis, apresento o fantástico encontro, em casa, das minhas duas duplas de gêmeos. Além disso, apresento dicas valiosíssimas para facilitar a vida com os gêmeos em casa. Apresento, ainda, tudo o que fiz para diferenciar os gêmeos, passei dicas sobre os primeiros banhos, experiências sobre amamentação e recomendações de sucesso sobre colocar os gêmeos para dormir.

No capítulo 5, "Os gêmeos estão crescendo", trago informações importantes na minha relação com meus filhos, meu corpo, mente e autoestima: a decisão de praticar atividades físicas e como organizar a rotina para tornar isso possível. Destaco também como fiz para ser possível o retorno a eventos sociais e apresentei detalhes da nossa primeira viagem com os bebês. Claro que não poupo detalhes e dicas para ajudar nesse momento tão importante para todos.

O capítulo 6, "E o tempo voa", narra uma fase bem difícil da vida com os gêmeos: a fase em que lutam contra o sono e a decisão de colocá-los em uma escolinha para o início da vida escolar. Respondo à unânime dúvida existente: devem estudar juntos ou separados?

No capítulo 7, "Quero meus bebês de volta?", apresento um pouco das características marcantes de cada um dos meus filhos e respondo à pergunta principal, título do capítulo.

Por fim, apresento um capítulo à parte, bônus, que não poderia deixar de trazer para vocês: "As frases ditas a uma mãe de gêmeos: as 10+". Algumas são clássicas, ditas a todas as mães de gêmeos. Outras, ditas a mim, que tenho duas duplas de gêmeos. Vale a pena conferir.

Foi uma delícia escrever cada linha deste livro. Tentei, a cada frase, apresentar um *mix* de conhecimento, prática, sentimentos, emoções e dicas para que todos possam, de certa forma, vivenciar a realidade dos gêmeos e múltiplos e, ainda, ajudar, principalmente, as mães de gêmeos nessa jornada encantadora e desafiadora.

Boa leitura!

Capítulo 1
Ajustando a rotina à nova realidade

Muita gente me pergunta como fiz com minha rotina depois que minha segunda dupla chegou ao mundo. Como a minha intenção é verdadeiramente ajudar outras mães a conseguirem administrar suas vidas para terem mais qualidade e aproveitarem esse momento único, preferi separar um capítulo sobre o ajuste da rotina.

É verdade que já existem várias fontes, livros, pesquisas e textos na internet sobre os cuidados com recém-nascidos. Há também bons livros sobre gêmeos. Assim vou me concentrar em descrever as minhas experiências práticas, após o nascimento da minha segunda dupla de gêmeos.

Uma coisa é fato: se você está grávida de gêmeos, tenha certeza de que sua vida vai mudar completamente. Vou te contar o que aconteceu com minha rotina.

O dia em que descobri que estava grávida novamente

Quando comecei a escrever este capítulo, pensei: por onde começar? Sempre tem um fato anterior importante que preciso contar antes de ir ao ponto que preciso chegar. Assim vou pular toda a história anterior ao dia em que descobri que estava grávida, pois foi um dia marcante e assustador ao mesmo tempo.

Era professora de ciências naturais e biológicas em duas escolas particulares, em duas cidades diferentes, no Distrito Federal. Minha rotina não era nada fácil, pois me dividia entre as duas escolas (trabalhando cerca de dez horas por dia), meus

Capítulo I

dois filhos gêmeos, Théo e Henrique, que tinham pouco mais de quatro anos de idade, meus treinos de Taekwondo, minha casa nova e meu relacionamento. Já deu para perceber que minha vida não era nada fácil, né?

O ano era 2008. Final de ano, provas finais, recuperação. Todo mundo que é professor, ou quem tem contato com professores nessa época do ano, sabe o sofrimento que é. Então me enquadrava nessa estatística com louvor. Comecei a sentir fortes dores estomacais. Estava suspeitando de gastrite nervosa, o que, considerando minha rotina, não seria nada excepcional ou de outro mundo. Normal, pensei.

Os dias foram passando e não havia remédio que dava jeito nas minhas dores. Cheguei a pensar em gravidez, mas como usava anticoncepcional de adesivo, não tinha como falhar. Certo dia acordei um pouco mais cismada que de costume. Não comentei nada com Jerônimo, meu marido, pois não queria assustá-lo (pensar em gravidez naquele momento da minha vida me assustava muito).

Fui ao laboratório fazer os exames. Acordei decidida, certa de que seria só uma conferência, tinha CER-TE-ZA da minha chata gastrite. Exame feito, fui trabalhar. Final da tarde, passei no laboratório. Busquei os exames. Abri. Susto. Medo. Pavor. Não sabia o que fazer. Fiquei desesperada. Fui para casa. Não acreditava no resultado. Estava grávida. GRÁVIDA! Deus, e a gastrite? Nunca existiu. Era gravidez. E agora? Reavaliei o exame, pesquisei na internet, olhei novamente. Não queria acreditar. Liguei para Jerônimo: "amor, pode vir para casa? Não estou bem!".

Jerônimo chegou por volta das 17h. Olhei para ele, não sabia como contar. Estava realmente muito abalada, todas as dores e dificuldades que enfrentei na minha primeira gestação me vieram à mente e ao estômago em forma de um soco, bem no meio dele.

Triste e chorando, contei que estava grávida. A reação dele foi bem diferente da que eu havia imaginado, apesar de não conseguir imaginar qual seria a reação dele. Ele me abraçou, me consolou, me apoiou. Mesmo assim, não conseguia aceitar. Rejeitava e sofria muito.

A primeira organização

Passada a fase de susto, fui aos poucos caindo na real. O apoio do meu companheiro foi fundamental. Após longas horas de conversa, ativei o modo Ana controladora.

Como eu já tinha dois filhos, gêmeos, pensei: não vai ser tão ruim assim. Vai ser fácil! Temos que começar a organizar a rotina e ajustar a logística. Imaginei: sei o que fazer. É apenas um "tá" tranquilo. Fizemos uma lista de coisas que precisávamos fazer e, entre elas, trocar o carro.

Jerônimo estava há mais de quatro anos namorando um carro esportivo. Já tinha tudo planejado, parcelas preparadas e separadas, faltava só escolher a marca, estava em dúvida entre duas. Pois bem, nosso primeiro passo foi decidir comprar um carro utilitário, com porta-malas grande para caber cadeirinhas infantis, malas e tudo o mais, seriam três crianças agora. E assim foi feito. Cancelado o projeto do carro esportivo, compramos um utilitário novinho. Um sonho. Ou melhor, um novo sonho.

Confesso que aquele ato me fez ver a gravidez com outros olhos. Ali comecei a ficar mais animada e passei a aceitar mais minha nova realidade. Tinha colocado na minha cabeça que seria uma menina. E ela seria linda. As coisas começaram a se organizar, principalmente na minha cabeça, graças a Deus!

A ultrassonografia e meu novo estado: de choque!

Chegou o dia da ultrassonografia, a primeira. Iríamos saber se estava tudo bem com a nossa menininha linda (na minha cabeça, certeza de que era uma menina). Estava animada, seria um dia lindo! Como de costume, já havia planejado todo o dia e feito todas as expectativas possíveis. Gosto de ter tudo sob meu controle e tornar as coisas mais previsíveis me acalma e ajuda a controlar minha ansiedade.

Capítulo I

Chegamos ao consultório, tudo lindo, tudo dando certo, conforme planejado. Deitei-me na maca e o médico começou a realizar o exame. Olhando o monitor, percebi que o médico, que até então estava animado, conversador, fez alguns segundos de silêncio. Olhando atentamente para o monitor, parece que via algo. Comecei a procurar e ficar atenta aos detalhes. Pensei: será que minha filha tem algum problema de saúde? Alguma má formação? Vários pensamentos surgiram em instantes. Até que o médico disse:

– Vejam só, temos um coraçãozinho aqui!

Ufa! Mas ele está bem? Um sorriso amarelo me surgia no rosto ao tempo em que olhava para meu companheiro para conferir sua expressão. Mal deu tempo de entender os detalhes e sensações daquele momento, o médico, em um tom mais alto, disse:

– Olhaaaa, outro coração ali! Parabéns! São gêmeos! Meu Deus, nunca havia visto isso pessoalmente na minha carreira: uma mãe de duas duplas de gêmeos!

Para, para, para! Tudo, absolutamente tudo o que eu havia pensado nas últimas oito semanas, tudo, tudo, acabou naquele instante. Tudo diferente! "Minha menininha", gravidez fácil e todo o planejamento se transformou em gêmeos? De novo? Nunca tinha ouvido falar em uma mãe de gêmeos duas vezes, seguidas!

Mais tarde, o médico conversou comigo sobre a probabilidade de uma mãe ter gêmeos novamente. Segundo me passou (e confirmei em pesquisas realizadas), gestações múltiplas representam 1 a 2% de todas as gestações naturais[*]. Se na sua família, por exemplo, há histórico de gêmeos ou trigêmeos, sua chance de ter uma gravidez múltipla aumenta. Caso na sua família haja gêmeos não idênticos, saiba que você tem dez vezes mais chance de ter gêmeos.

No caso de gêmeos não idênticos, a elevação de certos hormônios estimula a liberação dos óvulos. Nesse caso, as gestações gemelares são

---

[*] Fonte de consulta disponível em: <http://www.universojatoba.com.br/maternidade/de-mae-para-mae/sao-gemeos-entenda-quais-chances-de-ter-uma-gestacao-multipla>. Acesso em: 17 de set. de 2020.

mais frequentes em mulheres mais velhas, a partir dos 35 anos.

Pesquisadores holandeses da Gynaecology Obstetrics and Reproductive Medicine também afirmam que mulheres mais altas tendem a ter uma gravidez gemelar, principalmente depois de uma fertilização *in vitro*.

Outro levantamento interessante constatou que a frequência gestações de não idênticos é pequena entre os orientais e um pouco menor entre os brancos do que entre os negros.

Da mesma forma, tratamentos de fertilidade têm um papel importante na probabilidade de ter gêmeos. A gravidez múltipla decorrente de tratamentos de reprodução assistida corresponde a 3,2% das gestações – sendo que, destas, 98% são gemelares.

O fato é que eu, com minhas características à época, branca, ocidental, 29 anos, sem histórico de gêmeos na família e já mãe de uma dupla de gêmeos, havia entrado para a rara estatística das mulheres que engravidaram naturalmente de gêmeos univitelinos em sequência. Assim meu estado de espírito mudou drasticamente para estado de choque.

(Re)construindo uma nova realidade

Fiquei em choque por alguns dias. Algumas pessoas realmente não entendem quando sou sincera e digo isso. Fui muito julgada por dizer a verdade. Mas é a verdade e é isso que vocês saberão de mim. Exatamente meus sentimentos sinceros. Ter gêmeos é realmente lindo e maravilhoso. Mas nem tudo é um conto de fadas. A vida real é dolorida e, para mim, já no primeiro momento foi bem sofrida.

A minha nova realidade era: mãe de gêmeos grávida de gêmeos. Deus, nunca tinha visto aquilo! Não conhecia ninguém que já tivesse passado por isso. E agora? Como seria? A casa comporta todo mundo? Dou conta sozinha? Terei o apoio necessário? E o trabalho? E o carro novo em que não cabem seis

Capítulo I

pessoas, menos ainda com duas cadeirinhas, para as crianças e dois bebês-conforto? O que fazer?

Meus sentimentos, misturados com minhas dúvidas e as incertezas de tudo me apavoravam muito. Sofri, chorei. Jerônimo, coitado, quantas horas de ombro amigo e tentativas frustradas de me acalmar. Nada me tranquilizava.

Mas como dizem os ditados, "não há mal que dure para sempre" e "é um dia por vez que se vive". E foi assim que as coisas aconteceram. Você acha que as surpresinhas acabaram? Passava muito mal todos os dias. Descobri que a tipagem sanguínea dos meus bebês era incompatível com a minha.

A incompatibilidade sanguínea chama-se eritroblastose fetal. É uma doença de incompatibilidade do sistema Rh do sangue materno e fetal. Quando isso acontece na gestação, os anticorpos tentam destruir o Rh do feto. Pronto, não poderia ser mais simples? Não havia desejado aquela gravidez, estava prevenindo, usando anticoncepcional. Mas imaginar a simples ideia de perdê-los, fez ressurgir em mim o mais primitivo instinto materno e protetor: jamais aceitaria perder nenhum dos meus bebês.

Isso mudou tudo. Mudou a relação com a minha gestação, com meus bebês, mudou mais ainda minha rotina e passei a viver um dia por vez. O médico passou uma medicação muito forte, que me obrigava a dormir cerca de dezoito horas por dia. Sentia enjoos fortíssimos e mal conseguia comer. Sinceramente, a única coisa que consegui comer durante cerca de dois meses foi tomate. Jerônimo se desdobrava para arrumar algo que eu conseguisse comer. Aparecia com várias coisas diferentes e, no fim, voltava aos tomates com sal. Seis horas acordada, dezoito horas dormindo. Comia tomate, fazia minhas orações e dormia.

E todas as coisas que para mim eram prioritárias deixaram de o ser. A única prioridade era a vida e saúde dos meus bebês. Rezando para meu corpo não expulsar aquelas coisinhas lindas que já lutavam pela vida desde o primeiro instante, meus dias foram passando.

Capítulo I

Fui reorganizando a nova realidade. Fui obrigada a mudar minha forma de pensar; de tudo que vivi, o aprendizado que trago a vocês é: viva um dia de cada vez. Sem ansiedade, sem sofrimentos futuros. Agradeça por terminar o dia bem. Agradeça por acordar e estar bem. Se você está grávida, sinta a vida (ou vidas) dentro de você. Sinta como anseia a vida, como quer apenas a chance de crescer, dia após dia, para ter a oportunidade de conhecer o mundo do lado de fora. Por fim, reorganize sua vida dando prioridade ao fundamental: à vida e à saúde, um dia de cada vez.

Não há mal que dure para sempre

Mais uma vez, valho-me dessa frase: não há mal que dure para sempre. Graças a Deus o pior passou e, aos poucos, com os fetos maiores e fortalecidos, a medicação foi mudando. Infelizmente os enjoos não me abandonaram. A hiperemese gravídica (vômitos incontroláveis durante a gestação) me acompanhou nas vinte primeiras semanas da gestação. Adiante os enjoos foram diminuindo e pude dar atenção a outras coisas.

Chegou o dia de fazer outra ultrassonografia. Era o dia de conhecer o sexo dos bebês. Eu, com dois meninos e sonhando em ter menina, claro, já tinha dado até nome: Laura e Helena. Sabe quando a mãe sente? Vem lá de dentro a certeza das coisas? Então era assim que eu me sentia.

Mais uma vez na maca do médico. Agora mais tranquila, com um sentimento de amor pelos bebês e mais conformada por tudo. Agora era saber o sexo e se estavam bem. A primeira notícia o médico logo deu:

— Parabéns, mamãe! Os bebês estão saudáveis e em plena formação, como esperado.

Mal encerrou a frase e já emendou com outro parabéns.

Capítulo 1

– Iiii, olha lá o que temos pendurado ali! É um menino!

Meus olhos se arregalaram para o monitor. Eu vi. Um era menino. Àquela altura do campeonato, eu já sabia que eram univitelinos, por isso seriam necessariamente dois meninos outra vez.

O médico procurou até conseguir confirmar o segundo bebê. Menino também. Pronto. A rainha dos planejamentos, da previsibilidade via, mais uma vez, a vontade de Deus ganhando de lavada essa disputa. Vamos lá começar de novo, tudo de novo. Agora mãe de duas duplas de gêmeos ou duas vezes mãe de gêmeos.

Posso tentar organizar alguma coisa agora?

Já estava com mais de 15 semanas de gestação quando descobrimos o sexo dos bebês. Já estava na hora de começar a organizar alguma coisa. Poderia eu tentar organizar algo ou haveria mais alguma surpresa?

Passado o susto inicial, os riscos e inconvenientes da incompatibilidade sanguínea, sabendo que os bebês estavam crescendo com saúde e agora sabendo também o sexo deles, estava na hora de preparar a casa e a família para o crescimento da família.

Baseando-me na minha experiência anterior, posso dizer que me pautei, acima de tudo, pela praticidade. Sabia que minha rotina não seria nada fácil e, na hora da correria, o menos é mais! Explico.

Organizando a casa

Morávamos em um apartamento de sessenta metros quadrados, com apenas dois quartos e um banheiro. Por um lado, ambiente pequeno, fácil de limpar e organizar. Por outro, sabíamos que nossa casa não comportaria nossa família por muito tempo.

O primeiro passo foi olhar os espaços vazios da casa e imaginar as possíveis mudanças necessárias. Para facilitar a compreensão e ajudar a fazer as escolhas com seus gêmeos, vou apresentar os

Capítulo I

pontos principais de decisões e organização em uma lista de sugestão.

◆ **Berço:** eu optei, inicialmente, por apenas um berço. É importante lembrar que os recém-nascidos são pequeninos e cabem facilmente, os dois, em um berço só. Destaco também que eles estiveram toda a gestação bem juntinhos dentro da barriga. Percebi que, quando colocava os dois para dormirem juntos, ficavam mais calmos e dormiam melhor. Além disso, é superimportante ainda definir onde o berço vai ficar. Eu decidi que o berço ficaria, inicialmente, dentro do meu quarto. Facilitaria o processo de cuidados noturnos, evitaria deixar os bebês se acostumarem a dormir na cama dos pais e não atrapalharia o sono dos irmãos mais velhos, a considerar que só tínhamos dois quartos na casa. Claro que, quando digo "eu decidi", isso significa "nós decidimos". Todas as minhas decisões foram compartilhadas com meu marido. Na época, comprei um berço de madeira; mais tarde, comprei um bercinho móvel e ele foi muito útil, pois poderia montar e desmontar em qualquer ambiente da casa.

Recomendo demais um bercinho móvel. Claro que muita gente, nessas horas, pensa em decoração, montar o tão sonhado quarto dos bebês etc. Mas destaco que minhas sugestões aqui são visando à praticidade e ao conforto para mamães e papais. E, claro, para os bebês. Ah, lembre-se: antes de comprar, verifique se o berço atende às normas de segurança. O berço é um local propício a acidentes; e acidentes com recém-nascidos podem ser fatais.

◆ **Bebê-conforto:** invista em dois bons bebês-conforto. Eles serão fundamentais para deslocamentos e para separar os bebês de ambiente por vezes. Era comum um bebê acordar e precisar de cuidados. Para certos momentos, colocar um em bebê-conforto te dará liberdade para executar outras tarefas. Às vezes eu colocava os meninos nos bebês-conforto, de frente para mim, e ia passar um pano no chão, por exemplo. Ter os braços livres e os bebês por perto é vida. Consegue ficar livre para fazer outras atividades e não tira o olho dos pequeninos.

◆ **Apoio para troca de fraldas:** tenha um local de apoio para a troca de fraldas e procedimentos com os bebês, de

Capítulo 1

preferência próximo ao berço. Esse apoio pode ser uma mesa ou uma maca, por exemplo. Uma dica: se puder montar um apoio também na sala, no banheiro e na cozinha, verá que isso ajudará demais. Claro que isso depende do tamanho da sua casa. Se não puder ter um fixo, tenha um apoio móvel para levar para outros cômodos. Isso é muito prático para o dia a dia.

◆ **Roupas e materiais úteis dos bebês:** quanto mais perto do berço as roupas e os utensílios estiverem, melhor será. Quando se tem gêmeos, a mãe parece que vira um polvo com tantas mãos e braços. Não ter as coisas necessárias por perto pode causar irritação e cansaço. Assim procure deixar tudo o mais organizado e disponível possível.

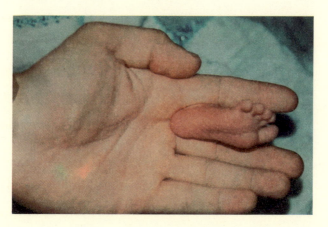

Capítulo 2
A chegada dos meus caçulas

A vida já estava mais calma. A barriga, crescendo conforme esperado e os bebês, saudáveis. Já estava na vigésima nona semana de gestação quando fui internada às pressas com contrações. Fiquei dois dias internada, em observação e tomando medicações para evitar um parto prematuro.

Começava ali uma batalha contra o tempo. De dois em dois dias, o médico verificava os pesos dos bebês. Àquela altura, eu já estava tomando remédios para a maturação dos pulmões dos meus pequenos. Conseguimos prolongar a gestação por mais 12 dias.

No dia cinco de agosto de 2009, comecei a ter contrações novamente. Eram contrações leves, mas estava pressentindo que a hora do parto não estava longe. Pedi para minha mãe cuidar do Théo e do Henrique (estavam prestes a completar cinco anos de idade), meu marido e eu fomos dormir na casa da minha sogra. Minha sogra sempre foi muito religiosa e, naquela noite, fizemos orações para que tudo desse certo.

Fomos nos deitar por volta das onze da noite. Meu marido dormiu em poucos minutos e eu fiquei atenta às minhas sensações. Não estava me sentindo bem e verificava o intervalo entre as contrações. O médico havia me dito que, se as contrações ficassem frequentes e com intervalo pequeno entre elas, deveria correr para o hospital. Por volta das seis da manhã do dia seguinte, sem conseguir dormir, levantei, tomei um banho, acordei meu marido e pedi que me levasse ao hospital. Engraçado foi o susto que ele levou ao me ver pronta ao pé da cama. Ele deu um pulo da cama, olhou para mim, procurou

Capítulo 2

algo no chão, e catou roupa e carteira, totalmente desorientado. Por alguns instantes, cheguei a achar que ele que estaria prestes a ter os bebês.

Não consegui falar com meu médico. Certamente indicaria para onde deveria ir para ser atendida por ele. Por volta das sete da manhã, as contrações estavam mais frequentes. Decidimos ir à emergência do hospital que nosso plano de saúde atendia.

Chegando ao hospital, visivelmente em trabalho de parto, fui avaliada por um dos médicos plantonistas que me recomendou realizar o parto com urgência, com risco de vida para os bebês e para mim. Entre dores, contrações e medo, fui levada ao centro cirúrgico. Foi uma mistura de sentimentos e, naquele momento, a presença constante do meu marido foi fundamental. Ele esteve ao meu lado em todos os momentos, inclusive na hora da cirurgia, segurando minha mão.

Tudo que aconteceu comigo até o momento do nascimento dos meus filhos me trouxe aprendizados que quero compartilhar com você.

Duas vezes mãe de gêmeos: a história

◆ Saiba que sempre há grande chance dos seus gêmeos nascerem prematuros. É superimportante ter essa consciência para não deixar nada para última hora.

◆ Prepare uma bolsa com roupas e objetos íntimos. Deixe em condições de ser levada a qualquer momento e avise as pessoas mais próximas sobre a existência dessa bolsa.

◆ Tenha todas as informações e contatos do médico que realizar seu pré-natal. Já converse com ele sobre eventualidades e para onde ir caso aconteça algo semelhante ao que aconteceu comigo.

◆ Tenha sempre um plano B. Conheça os hospitais de emergência para onde possivelmente será encaminhada em caso de necessidade. Certifique-se de que o hospital possui UTI neonatal e boa estrutura para receber gêmeos. Certifique-se de que há duas vagas na UTI para não correr o risco de um ter que ser transferido para outro hospital.

◆ Se você tiver marido, converse com ele sobre os procedimentos necessários em caso de emergência. Saber o que fazer ajuda a manter a tranquilidade

Capítulo 2

necessária no momento. Se não tiver marido, converse com pessoas próximas.

◆ Tenha pessoas de confiança próximo a você. É muito complicado ter que se virar sozinha nessas horas ou ter que contar com a ajuda de desconhecidos. Entenda a importância de uma rede de apoio e monte a sua rede.

Capítulo 3
44 dias

O nascimento dos gêmeos prematuros

Estava no centro cirúrgico. Deitada, anestesiada, olhava para os olhos azuis e arregalados do meu marido observando a cena. Os médicos, aparentemente preocupados, tentavam me passar tranquilidade, perguntando se eu estava bem e os nomes dos meus filhos. Ao iniciar a cirurgia, perceberam que a bolsa do Thor estava rompida e que iniciava uma espécie de sofrimento fetal.

Sofrimento fetal ou hipóxia neonatal ocorre quando o feto é submetido a períodos de hipóxia (privação de oxigênio). Ocorre, geralmente, durante o trabalho de parto e que se caracteriza por redução das trocas materno-fetais*.

Os médicos suspeitaram que Thor poderia estar em sofrimento fetal. Entretanto, pela posição dos bebês, Zion foi o primeiro a nascer. Os médicos retiraram Zion que, rapidamente, foi levado por uma enfermeira para uma antessala. Jerônimo, meu marido, não sabia se ficava comigo ou seguia para acompanhar Zion.

Menos de um minuto após o nascimento de Zion, Thor veio ao mundo. Outra enfermeira correu também com Thor em suas mãos. Olhei para meu marido, ele olhou para mim com olhar centrado e preocupado e correu para ver para onde os meninos seriam levados. Jerônimo chegou a tempo de testemunhar nossos dois filhos serem submetidos a procedimentos de ventilação e serem colocados, já estabilizados, em uma incubadora. Percebendo que os bebês estavam aparentemente bem, retornou à sala de parto a tempo

---

* Sofrimento fetal: o que é, sinais e o que fazer. TUASAÚDE, 2020. Disponível em: <https://www.tuasaude.com/sofrimento-fetal>. Acesso em: 27 de set. de 2020.

de me dar notícias sobre os meninos. A informação me tranquilizou momentaneamente. Apaguei.

Meus caçulas nasceram. Trinta e uma semanas e dois dias de gestação, prematuros. Conforme o relatório médico, o primeiro recém-nascido, Zion, nasceu às 16h16, com 1,585kg, 40cm, com desconforto respiratório. Encaminhado à UTI neonatal sob CPAP facial e colocado no CPAP nasal. A veia umbilical foi cateterizada e teve evolução com piora do desconforto respiratório, sendo intubado e feito surfactante exógeno.

Thor nasceu às 16h17, com 1,545kg e 34,5cm, com desconforto respiratório moderado e presença de líquido amniótico hemorrágico. Foi encaminhado à UTI neonatal sob CPAP facial e com ventilação. A veia umbilical foi cateterizada e teve evolução com piora do desconforto respiratório, sendo necessária intubação orotraqueal e realizado surfactante exógeno. Raio X de tórax compatível com doença de membrana hialina (síndrome da angústia respiratória causada por deficiência do surfactante pulmonar nos pulmões do neonato, mais comumente do nascido com menos de 37 semanas de gestação. O risco aumenta com o grau de prematuridade*).

Figura 1: Cartão de ondição de nascimento de Zion.

Figura 2: Cartão de condição de nascimento de Thor.

---

* Manual MSD Versão para profissionais da saúde. Disponível em: <https://www.msdmanuals.com/pt-pt/profissional/pediatria>. Acesso em: 27 de set. de 2020.

Capítulo 3

A dor da separação

Acordei cerca de cinco horas após o parto já em um quarto do hospital. Ainda tonta por conta da anestesia, chamei pelo meu marido, que estava lá, mais uma vez, ao meu lado, segurando minha mão. Sabia que ainda não estava bem. Ainda não sentia minhas pernas, não conseguia movimentar meus pés. Minha visão estava turva e sentia minha fala embolada.

A médica veio me visitar. Examinou-me, fez algumas perguntas e, claro, pedi para ver meus bebês. No nascimento dos meus filhos mais velhos, tive contato com meus bebês ao nascerem. Senti-os, toquei-os e os coloquei para mamar. Já nesse meu segundo parto, não pude ver meus filhos. Não toquei neles. Sentia um vazio, uma falta difícil de explicar. Só queria tocar nos meus filhos. Vê-los. Ainda não tinha tido a oportunidade.

A médica me disse que eu deveria aguardar os efeitos da anestesia passarem para eu poder ser conduzida à UTI neonatal. Informou que eu só poderia visitá-los no dia seguinte. A dor da separação era tão grande e angustiante! Só queria meus filhos. Para uma mãe recém-parida, é demais pedir seus filhos?

Nosso primeiro encontro

A noite passou lentamente. Minha cabeça não parava. As lembranças do parto, todas as cenas vinham o tempo inteiro à minha cabeça. Havia um relógio na parede. Eu acompanhava o andar dos ponteiros e forçava minha mente para recuperar meu corpo o mais rápido possível. Repetia: estarei pronta, de pé, quando a médica chegar para me visitar, antes da troca de turno, às sete da manhã.

Eram seis da manhã. A médica havia me dito que, pela manhã, uma enfermeira me daria banho. Não aguentava aguardar mais. Chamei meu marido, pedi ajuda para me conduzir ao banheiro. Tomei meu banho, sozinha, e fiquei pronta como havia prometido. Esperei a médica em pé, em condições de ir à UTI neonatal. A médica chegou e se assustou comigo em pé. Segundo ela, imaginou que eu conseguiria estar em condições no período da tarde.

— Já estou bem, doutora. Posso me encontrar com meus filhos? — educadamente, perguntei.

Tenho certeza de que a médica percebeu que minha pergunta, na verdade, foi uma afirmação: "estou pronta e estou indo". Acredita que ela ainda tentou me convencer a esperar até às nove da manhã para ver meus pequenos? Claro que não concordei, sorri "amarelamente" e pedi o braço do meu marido para descer ao andar onde se localizava a UTI neonatal. E fomos os dois, ansiosos e angustiados.

Chegando à UTI, fomos carinhosamente recebidos pelas enfermeiras, que nos deram os parabéns, e conduzidos às incubadoras, momento em que contive as lágrimas ao ver meus filhotinhos. Tão pequeninos, intubados, lutando pela vida. Jamais havia visto bebês tão pequenos e frágeis. Eram lindos, mas estavam com a pele com uma cor que aparentava infecção. Não pude tocá-los. Colocamos, Jerônimo e eu, uma mão por cima de cada incubadora e fizemos uma oração pedindo a Deus, com toda nossa força, para que nossos bebês conseguissem vencer aquela batalha pela vida.

Percebi, apesar de me esforçar para aparentar força, que ainda estava fraca e precisava de repouso. Era hora de partir. Os riscos para os bebês eram muitos naquele momento. Fui então conduzida ao quarto, em silêncio, processando todas aquelas informações e sentindo uma dor em meu peito, que vinha acompanhada de ansiedade. Aconteceu muito rápido e era até difícil de entender tudo o que estava acontecendo. Olhava para o Jerônimo e via isso nele também. Com uma imensa vontade de ajudar, meu marido fazia tudo o que podia, estando ao meu lado em todos os momentos.

Alta hospitalar. Sem as crianças?

Descansei do jeito que deu naquele quarto do hospital. Meu marido já estava torto também de tentar dormir naquele pequeno sofá de acompanhante. A todo instante eu queria ter informações dos meus bebês e, toda vez que um médico ou enfermeiro aparecia, eu o enchia de perguntas.

É impressionante como nos acostumamos com novas rotinas. Naquele momento, ter informações dos bebês era o que nos impulsionava, e todo o restante havia sido transferido para segundo plano.

No sábado de manhã, dia 08 de agosto, o médico foi ao quarto e disse que, por volta de 12h, receberia alta hospitalar. Alta? Como assim? Vou para casa sem meus filhos? Parece ser óbvio entender que, se os bebês estão na UTI e a mãe já está melhor, ela precisa receber alta e ir para casa. Mas para uma mãe que acabou de ter seus filhos, entender isso é muito difícil. Esse momento foi sofrido para mim. Não tinha como dormir no hospital, na UTI neonatal. Minha vontade era de acampar lá e só sair com os bebês em meus braços.

Mais uma vez tive que travar o choro na garganta, para demonstrar força pelos meus filhos e me apoiar no meu marido. Deus, que difícil sair daquele hospital. Jerônimo teve que me prometer voltar ao hospital todos os dias para vermos nossos filhos.

É importante relatar meus sentimentos ao sair do hospital. Ficava na Asa Norte, em Brasília, e a casa da minha sogra ficava em uma chácara próxima à cidade do Gama, cidade-satélite de Brasília, distante cerca de 40km. No caminho, sentimentos confusos se misturavam com a saudade que estava sentindo dos meus anjinhos mais velhos. Théo e Henrique estiveram com minha mãe durante todo esse tempo. Já não via a hora de abraçá-los e beijá-los. O aniversário deles estava chegando, dia 15 de agosto, e não poderia deixar de dar atenção aos meus primogênitos. A viagem foi longa. Cheia de pensamentos, sentimentos e incertezas.

Precisava botar para fora meus sentimentos maternos. Lamber as crias, apertar, dar carinho, beijos, colocar no colo. Estava com meus seios doendo e transbordando de leite. Os hormônios me sacudiam por dentro como se dissessem: "ei, você é mãe, partiu agir como tal...". Mais uma vez, o choro travou na garganta.

Carinhosamente, fomos recebidos na casa da minha sogra. Ela havia separado um quarto para nós e preparado um cantinho especial para os bebês. Recebi os cuidados do resguardo dela, que era mãe de três e não media esforços para me oferecer tudo do bom e do melhor. Jerônimo foi buscar Théo e Henrique na casa da minha mãe e eu fui acolhida no colo de minha sogra.

Um dia de cada vez

Uma nova rotina surgia em nossas vidas. Morando momentaneamente na casa da minha sogra, com meus filhos Théo e Henrique, de resguardo, acordávamos cedo, às 7h, para ligar no hospital e ouvir o relatório do plantão da madrugada.

– Como eles estão? Melhoraram? Ainda estão com infecção? Estão intubados?

Arrumávamo-nos e íamos para o hospital passar o horário de visita com nossos pequenos. Acompanhávamos cada processo, cada mudança, cada evolução e involução também. Ao final da visita, exaustos, íamos novamente para a casa da minha sogra. Ao sair do hospital, todos os dias, a enfermeira-chefe nos solicitava ficar atentos ao telefone, pois caso ocorresse alguma intercorrência, ligariam. O quadro de saúde de Zion e de Thor era grave e rezávamos pela melhora, temendo o pior. Cada minuto longe daquele hospital era uma angústia. O tempo não passava e, muitas vezes, chegávamos três horas antes do horário permitido para visita e ficávamos esperando para entrar. Familiares e amigos em vigílias e correntes de orações. Todos rezando para que tudo ficasse bem. Na hora de dormir, ficávamos olhando para o teto com o telefone a postos.

E assim fomos vivendo, um dia de cada vez, controlando as angústias e firmes na fé. Dias de melhoras, outros nem tanto. Não tínhamos o controle da situação. Tudo sendo conduzido conforme a vontade de Deus, até que tivemos uma das maiores lições de nossas vidas.

Capítulo 3

Gêmeos, só Deus separa

Quase um mês do nascimento, dia 02 de setembro, acordamos com uma ligação do hospital. O coração disparou. Jerônimo atendeu o telefone e eu estava quase morrendo de aflição. A ligação falhava muito, mas deu para entender que era uma boa notícia.

Meu marido desligou o telefone e disse para nos prepararmos, pois dormiríamos no hospital, Zion receberia alta da UTI neonatal. Fiquei muito feliz e fui logo preparar as coisas para ir para o hospital.

Chegamos muito rápido. Fomos instalados em um quarto. Arrumei roupinhas, fraldas e várias outras coisinhas para a recepção de Zion. A médica plantonista nos explicou o procedimento e disse que a UTI neonatal estaria providenciando a alta médica do meu filho. Claro que adoraria receber meus dois pequenos logo, mas a notícia da alta de um deles me trouxe alegria e muita esperança, pois tinha a certeza de que era questão de tempo para Thor sair da UTI também.

Por volta das cinco da tarde, a porta do quarto se abriu. Que alegria! Nosso pequenino Zion entrava sendo conduzido por uma enfermeira, sem nenhuma sonda ou fio. Dormindo, respirando normalmente, sem qualquer aparelho. Que alegria! Como comemoramos.

Minha mãe, minha sogra e a Tia Lede, amiga de infância da minha sogra, tida por nós, carinhosamente, como tia, chegaram ao quarto para visitarem o neto vitorioso.  Todos paparicavam Zion, que estava muito bem. Segundo os médicos, ficaria internado no quarto, sob observação, por segurança. Mas estava pronto para ir para casa. Thor, ainda na UTI, estava com a alta prevista para 48 horas após Zion. Segundo o médico, era um protocolo do hospital. Coube a nós aceitar, apesar da ansiedade.

Pouco mais de quatro horas que Zion estava conosco no quarto, uma enfermeira entrou às pressas, solicitando nossa presença na UTI. A equipe havia ligado para informar que Thor, ainda na Unidade de Terapia Intensiva, tivera uma complicação em seu quadro cardiorrespiratório que exigiu intervenção médica. O quadro era grave e os médicos temiam um mal maior.

Jerônimo e eu corremos para a UTI, deixando Zion dormindo, tranquilo e calmo, aos cuidados das duas avós e da equipe de enfermeiras. Chegamos às pressas e fomos barrados por uma enfermeira que disse:

– Calma, papai e mamãe! Graças a Deus os médicos conseguiram estabilizar o "RN". Aguardem alguns instantes que vamos permitir a entrada de vocês.

Abraçamo-nos assustados. Que misto de emoções! Minutos atrás estávamos mais calmos e felizes com a alta de Zion. Agora, angustiados e preocupados com o estado de saúde do Thor. Entramos na UTI e pudemos ver nosso pequeno. Estava aparentemente cansado e com dificuldade respiratória. Emanando boas vibrações a ele, contamos que Zion já estava no quarto melhor, aguardando sua melhora e alta. Fizemos uma oração e tivemos que sair, pois começariam a fazer procedimentos específicos, o que não é interessante aos pais assistirem.

Mais calmos, mas visivelmente abatidos e assustados, entramos no elevador rumo ao andar de cima, ao encontro de Zion e das avós corujas. A porta do elevador se abriu. Uma maca, com um bebê, entrava às pressas. Sem entender, vi minha mãe chorando e minha sogra com expressão congelada, pálida. Jerônimo, assustado e me segurando pelo braço, observava tudo apreensivo.

– O que está acontecendo? – perguntei à minha sogra, única pessoa que percebi em condições de responder.

– Não sei dizer ao certo. Zion estava bem, mas a Lede percebeu Zion um pouco roxo e achamos que ele começou a ter muita dificuldade de respirar. As enfermeiras chegaram, fizeram algumas manobras nele e viram que não estava respirando. Foi uma parada cardiorrespiratória!

Ouvi aquilo e corri em direção ao meu filho. O elevador fechou.

– Meu filho, meu filho! Estão levando meu filho de mim! Eu gritava, batendo no elevador, tentando me soltar dos braços do meu marido, que tentava me conter.

Mandaram-nos aguardar. Toda a força que eu tive naqueles dias desde o nascimento, todas as dificuldades e dores suportadas calada, saltaram da minha garganta em prantos desesperados. Que dor, meu Deus! Chorei como jamais havia chorado em minha vida. Tive a sensação de terem tirado meu filho de mim. Meu instinto materno não aceitava aquela separação e, com certeza, foi o dia de maior dor vivida até ali.

Minutos de angústia até receber a notícia: Zion foi estabilizado. Mas voltou para a UTI, leito ao lado do Thor, em situação semelhante. Intubado e respirando com ajuda de aparelhos.

Duas vezes mãe de gêmeos: a história

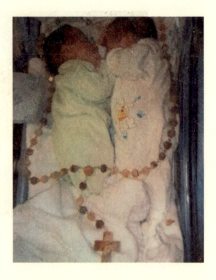

O médico nos chamou para conversar. Explicou tecnicamente o que ocorreu; segundo seu entendimento, os dois teriam que continuar na UTI. Disse que não havia comprovação científica nenhuma, mas que, na medicina, havia casos semelhantes e que, mesmo não tendo explicação técnica, informou que, mesmo que Zion voltasse a melhorar, só receberia alta da UTI no mesmo dia em que Thor recebesse.

Aquela decisão médica não tinha lógica técnica, segundo ele mesmo nos falou. Mas, para nós, fazia todo o sentido. Nossa fé nos dizia que os dois deveriam receber alta juntos. Concordamos com a decisão médica e tivemos uma certeza naquele momento: só Deus pode separar gêmeos.

Capítulo 3

Hora de ir para casa

Quarenta e três dias haviam-se passado desde o nascimento dos meus bebês. Com idas e vindas ao hospital, nossos pequenos foram, aos pouquinhos, se fortalecendo e conseguindo evoluir até chegar ao tão esperado dia da alta médica. Mais uma vez estávamos a caminho de passarmos mais uma noite no hospital, no quarto, para avaliação se conseguiriam ficar bem fora da UTI.

Os medos pairavam sobre minha cabeça, mas de uma coisa eu tinha certeza: sairiam os dois da UTI ou por lá mesmo ficariam. E assim aconteceu. Meus dois nenéns chegaram ao quarto juntos. Que alegria! Naquele instante, toda dor e a angústia dos últimos dias se transformaram em puro amor e recompensa.

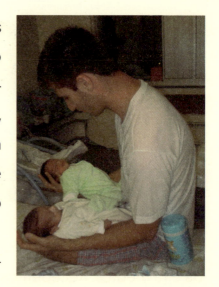

A noite foi chegando e a nossa preocupação era evidente. Claro que não conseguiríamos dormir naquela noite, pensei. Realmente não pregamos o olho. Ficamos, Jerônimo e eu, o tempo inteiro acordados vigiando os meninos. Colocávamos as mãos sobre o peito deles para sentir o movimento da respiração.

Jerônimo se deitou para vigiar os meninos e não precisou nem de cinco minutos para desabar. Claro que eu estava atenta a tudo e registrei aquele momento, pai morto de cansaço.

Capítulo 3

Amanheceu e chegou o tão esperado momento da alta médica. Recebemos a visita de alguns especialistas que fizeram verificações e, enfim, recebemos alta. Meu coração era só alegria. Sonhei várias noites com esse dia, e ele chegou. Chegou a hora de ir para casa. Estava agradecida e feliz.

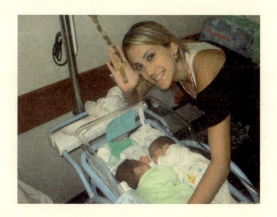

Duas vezes mãe de gêmeos: a história

Saindo do hospital, um filme passou pela minha cabeça. Lembrei-me das duas internações, do dia e cada detalhe dos nascimentos, do dia em que Zion teria alta e senti uma das piores dores de minha vida, nossa rotina de visitas diárias, a evolução de cada um.

Foram 44 dias. Exatos 44. Contados um a um, as horas, os minutos e os segundos. Em silêncio, admirando meus bebês, não conseguia segurar minha emoção. No caminho para casa, não conseguia tirar os olhos e as mãos das minhas crias e, quanto mais me aproximava de casa, mais imaginava o encontro dos meus quatro filhos. Esse momento estava chegando finalmente e, imaginando esse encontro, percebi o quanto esses 44 dias transformaram nossas vidas. Percebi também que tudo aquilo foi, na verdade, uma grande vitória e uma forte história de superação, de nós todos.

Capítulo 4
Meus caçulas em casa

O encontro mágico

Não via a hora de os meus filhos se encontrarem. Qual seria a reação do Théo e do Henrique? Até aquele momento, os meninos tinham visto a mamãe com um barrigão, com dois nenéns dentro. Depois, a mamãe ficou sem o barrigão, sem os nenéns. Viam a mamãe ir para o hospital todos os dias e voltar para casa sem nenhum bebê. E agora? Qual seria a reação deles? Aceitariam os irmãozinhos? Teriam ciúmes?

Théo e Henrique dormiram na casa da avó paterna (eles não são filhos do Jerônimo, são filhos do meu relacionamento anterior com o médico veterinário Thiago Luczinski), que carinhosamente também me ajudou nesses momentos difíceis. A rotina deles deveria continuar e a vó Sônia os levaria para a escola naquele dia. Poderíamos passar na casa dela e pegar os meninos e irmos todos para casa. Mas preferi chegar antes para preparar o ambiente para os novos moradores, que chegariam pela primeira vez em nossa casa.

Enfim tive minha primeira tarde de mãe de gêmeos com meus filhos mais novos. Cuidei, amamentei, dei carinho, olhei cada detalhe de cada um deles. Foi uma tarde maravilhosa e inesquecível. Puro amor e gratidão. Jerônimo saiu para buscar os meninos na casa da avó. Fiquei em casa, preparando os pequenos para o primeiro encontro com os irmãos mais velhos.

Já no fim da tarde, Jerônimo, Théo e Henrique tocaram a campainha. Normalmente, os meninos chegavam em casa eufóricos, rindo e falando alto, mas nesse dia foi diferente. Jerônimo conversou com eles no caminho que Zion e Thor tinham chegado em casa. Tínhamos combinado um roteiro

Capítulo 4

para preparar os mais velhos para o encontro. Assim os dois chegaram tranquilos, calmos e calados, mas ansiosos. Tocaram a campainha, pois assim eu havia solicitado.

Abri a porta. Dei beijos e abraços carinhosos nos dois, na entrada da porta ainda. Contei para eles sobre os meninos e pedi que lavassem as mãozinhas e esperassem no sofá. Lavaram as mãos correndo, pularam no sofá e perguntaram:

— Cadê eles, mãe!

Nessa hora eu já não estava me aguentando de ansiedade. Jerônimo e eu pegamos os meninos no berço. Expliquei para os meninos a maneira correta de segurar os meninos, o cuidado com a cabeça, principalmente. Mas não fiquei alertando para terem cuidado ou pedindo para pegar os irmãos direito. Não queria, de maneira alguma, gerar qualquer sentimento de ciúme ou reação negativa. Eu sentia que eles conseguiriam segurar os meninos sem riscos e, claro, estaria ao lado com muita atenção, monitorando tudo.

Dirigi-me aos meninos e falei:

— Filhos, esses são seus irmãos Zion e Thor. Como vocês são os mais velhos e já são grandes, mamãe vai colocá-los no colo de vocês, para vocês conhecerem eles.

Lembro bem até hoje o brilho nos olhos. Antes de pegá-los no colo, os meninos pediram para ver e pegar nos pezinhos deles. Ninguém  sabe até hoje explicar essa curiosidade para ver e sentir os pés. Mas eles ficaram maravilhados tocando os pezinhos.

Em seguida, Jerônimo e eu colocamos os bebês nos braços deles. A boca aberta do Théo e a felicidade do Henrique ao ter o irmão em seus braços é indescritível. Eu, emocionada, sentei-me ao lado dos meninos para reagir a qualquer situação. Graças a Deus, a reação deles foi muito melhor do que eu poderia imaginar.

Capítulo 4

Que sensação maravilhosa! Gêmeos, que são colaborativos, aprendem a dividir tudo desde o ventre: aceitaram, entenderam e gostaram dos irmãos desde a barriga. O primeiro contato entre eles confirmou tudo. Jerônimo já tinha deixado a câmera preparada e conseguiu registar aquele encontro mágico.

Facilitando a vida com os gêmeos em casa

Passados os momentos de recepção e primeira adaptação, com grandes emoções para toda a família, começava o momento de organizar a vida de cada um de nós e de nós todos para a nossa nova realidade. Dali para frente seríamos seis: eu, mãe, com dedicação exclusiva aos filhos e à casa; Jerônimo, policial militar, deveria retornar ao trabalho em poucos dias; Théo e Henrique, crianças de cinco anos de idade, em alfabetização; e os gêmeos recém-chegados, Zion e Thor, com apenas 44 dias de vida.

Eu já tinha me prevenido e organizado a casa, tal qual apresentei no começo do livro. Sei que, desde que escrevi sobre a primeira organização da casa, vivemos fortes emoções com toda essa história de superação e talvez você não se recorde dos itens principais que levei em consideração para organizar a rotina inicialmente. Se esse for o seu caso, reserve alguns minutinhos para retornar ao capítulo específico e relembrar.

Chegou a hora de colocar em prática minha organização. Confesso a vocês que funcionou tudo até muito bem. Entretanto, tenho que destacar que como não vivia sozinha e muitas vezes dependia do marido e da ajuda do Théo e Henrique (daí você

Capítulo 4

me pergunta: mas eles eram tão pequenos. Eles ajudavam? Sim, muito. Théo e Henrique, desde o primeiro dia, sempre fizeram questão de ajudar. Claro que eu definia as funções que eles poderiam fazer para não colocar ninguém em risco), precisava explicar para eles os cuidados com os bebês, o local de cada coisa necessária para os cuidados e os procedimentos que precisávamos adotar.

Tal como fiz no capítulo dois, listarei os pontos mais importantes para organizar sua rotina com a chegada dos gêmeos.

◆ **Converse claramente com todos os membros da família sobre os cuidados necessários com os bebês:** essa comunicação clara é importante para que todos tenham dimensão dos riscos e do trabalho e, quando precisar de ajuda, todos saibam o que fazer.

◆ **Apresente o local exato de guarda e reposição de cada item dos bebês:** roupinhas, mamadeiras, fraldas, bebê-conforto etc. Explique sobre a necessidade de manter tudo bem organizado para ter disponível toda vez que precisar.

Duas vezes mãe de gêmeos: a história

◆ **Fale claramente sobre as rotinas e procedimentos necessários:** prática e horários para banhos, refeição, troca de fraldas, lavagem de utensílios, descarte de lixo. Muitas vezes acreditamos que, por termos o conhecimento sobre algo, julgamos que as demais pessoas a nossa volta também tenham esse conhecimento, mas isso não é verdade. Precisamos, muitas vezes, ensinar para podermos ter a ajuda necessária e conseguirmos manter, de certa forma, a ordem.

◆ **Converse com as crianças de forma lúdica:** a experiência com meus filhos mais velhos me ensinou que transformar esse processo em brincadeira é a melhor maneira para conseguir o apoio e a ajuda deles. Além disso, segundo a equipe Educamundo[*], a brincadeira faz parte do universo da infância e, de certa forma, utilizar essa mesma "língua" é uma das formas mais inteligentes para prender a atenção e explicar lições variadas para as crianças. Assim transformando pequenas ajudas em brincadeiras com recompensas como beijos, agrados e carinho a cada gesto positivo no sentido de ajudar com os irmãos mais novos, fará dos filhos mais velhos seus pequenos ajudantes.

---

[*] Equipe Educamundo. Atividades lúdicas: como ensinar de forma mais prazerosa. EducaMundo, 2020. Disponível em: <https://www.educamundo.com.br/blog/atividades-ludicas-brincadeiras-educativas>. Acesso em: 03 out. 2020.

Capítulo 4

◆ **Simplifique a rotina e deixe as neuras de lado:** com certeza, antes de os gêmeos chegarem, havia um nível de organização e limpeza e você, mamãe, conseguia executar certa quantidade de tarefas, não é mesmo? É importante destacar que, com a chegada dos bebês, isso muda. Recomendo não tentar manter a quantidade de atividades que exercia antes; menos ainda, o nível de exigência com limpeza e organização. Se você tiver pessoas para ajudar com as tarefas domésticas e outras alheias aos recém-nascidos, ótimo. Aproveite bem essa ajuda. Mas se não tem essa ajuda, recomendo não se fazer de Mulher Maravilha. O preço que se paga com nervosismo, desentendimentos e cansaço não compensa. Seja mais flexível e entenda que sua rotina nova é mais pesada que a das pessoas que têm apenas um filho ou um filho por vez e, mais ainda, daqueles que nunca tiveram filhos. Evite comparações e autocobranças. A hora é de dedicar-se aos bebês.

◆ **Estabeleça horários para atividades:** tente, na medida do possível, estabelecer o mesmo horário para alimentação e banho, tanto para os bebês, quanto para você. Se tiver mais crianças, como era o meu caso, vai precisar

Duas vezes mãe de gêmeos: a história

levar isso a sério. As crianças precisam de rotinas bem definidas; não definir uma rotina para as necessidades e cuidados pessoais poderá causar muitos problemas de estresse, em decorrência da desorganização. É importante criar uma rotina para lavar as roupinhas dos bebês também. Acredite, parece ser chato e difícil no início, mas essa organização vai ajudar muito.

◆ **Acredite no poder das sonecas:** muitas mamães, preocupadas com a quantidade de tarefas a fazer e com o que as pessoas vão pensar dela, se esquecem de cuidar da saúde e, principalmente, de descansar. Parece impossível tirar sonecas para algumas pessoas. Eu demorei muito para aprender isso e paguei caro com cansaço e estresse. Sempre que seus bebês dormirem, aproveite para tirar uma soneca também, principalmente após as refeições. Segundo a equipe médica do site tuasaude.com[*], tirar uma soneca depois do almoço é uma ótima forma de repor energia ou relaxar, especialmente quando não se conseguiu dormir bem durante a noite ou quando se vive um estilo de vida muito agitado.

---

[*] Soneca depois do almoço melhora a concentração e a memória. Tuasaúde, 2020. Disponível em: <https://www.tuasaude.com/beneficios-de-dormir-de-tarde>. Acesso em: 03 de out. de 2020.

Capítulo 4

Ainda de acordo com a equipe médica do site tuasaude.com, o ideal é tirar uma soneca de 20 a 25 minutos depois do almoço para descansar um pouco e aumentar a energia para o trabalho ou para a escola, porque dormir por mais de 30 minutos pode favorecer a insônia e aumentar o cansaço, além de afetar a saúde, podendo ainda causar problemas mais graves como diabetes, por exemplo. Assim priorize sempre seu descanso. Aproveite os sonos dos bebês e descanse um pouco também.

◆ **Evite receber visitas:** "poxa Ana, agora você pegou pesado!". Não, não peguei, sério. Não peguei, não. Acredite, a rotina com gêmeos vai te consumir e, nesse primeiro momento, quanto mais puder evitar receber visitas será melhor. Converse educadamente com parentes e amigos e explique que está em fase de adaptação. Todos que te amam entenderão. Os que não entenderem é porque estão mais preocupados com os próprios sentimentos, como curiosidade ou ansiedade, do que em ajudar e com seu bem-estar. Tudo tem sua hora. Em pouco tempo se adequará à rotina, estará mais disposta e pronta para receber visitas.

Duas vezes mãe de gêmeos: a história

◆ **Não rejeite ajuda:** nessas horas, por incrível que pareça, tem mamães que rejeitam ajuda, por vergonha ou sentimentos relacionados à sensação de não dar conta de cuidar dos próprios filhos ou até por vaidade. Mãezinha, sério, gêmeos têm um nível de exigência que recomendo deixar a timidez, a vergonha, o orgulho ou outro sentimento que não a ajudará em nada de lado e aceite todas as ajudas possíveis. Para levar os filhos mais velhos à escola, para cozinhar, para trocar uma fralda, para lavar uma roupa, para comprar pão, ir ao mercado... Não importa o quê. Aceite a ajuda e seja sempre grata.

Capítulo 4

Diferenciando os gêmeos idênticos

Uma dúvida que muitos pais de gêmeos idênticos têm: como vou distinguir meus filhos se eles são totalmente idênticos?

É verdade que, com o tempo, você vai identificando algumas pequenas diferenças que eles têm. Às vezes uma manchinha, uma marquinha de nascença. Mais tarde, é possível identificar pela entonação da voz, pelo choro, sorriso e comportamento.

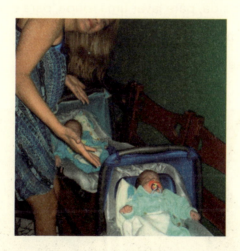

Mesmo eu tendo encontrado pequenas diferenças entre meus gêmeos, preferi adotar algumas técnicas para não correr o menor risco de me confundir.

Duas vezes mãe de gêmeos: a história

◆ **Roupas de cores diferentes:** durante as primeiras semanas, defini que Thor usaria somente azul e Zion usaria somente verde. Inicialmente, com isso, criei uma identidade visual que foi possível identificá-los mesmo a distância. Essa estratégia ajuda os outros membros da família e eventuais ajudantes a saber facilmente quem é quem.

◆ **Banho e troca de roupa:** estando os gêmeos com roupas de cores fixas e diferentes facilita muito, mas e se os dois ficassem sem roupas juntos? Isso pode ser um problema. Assim defini que banhos e trocas de roupas deveriam ser feitos um por vez. Nessa fase inicial, não autorizei dar banho e trocas de roupas nos dois ao mesmo tempo. Isso ajudou muito.

◆ **Uso de fitinha no braço ou perna:** além das medidas acima, também coloquei uma fitinha no braço de Zion. Estabeleci um critério e deixei anotado em uma agenda. Zion, o que nasceu primeiro, tinha uma fitinha no braço esquerdo. Essa medida funciona como uma legenda. Na hora da dúvida, por qualquer pessoa, só consultar a agenda.

Capítulo 4

Os primeiros banhos

Algumas mamães de gêmeos me perguntam como fazia com os banhos. Essa é uma dúvida frequente. Para aquelas mamães que não estão confiantes para usar a banheira, principalmente nos primeiros banhos, recomendo, se for possível, ter o apoio de uma mãezinha mais experiente.

Caso não seja possível essa ajuda, recomendo dar o banho dentro de um balde. Ficou surpresa? Sim, os baldes são ótimos para banhos.

- ◆ Pegue um balde pequeno, mas em que caiba o bebê sentadinho, com as perninhas dobradas, confortavelmente à frente do corpo.

Duas vezes mãe de gêmeos: a história

◆ Encha o balde com água morna até a altura do umbigo do bebê, aproximadamente.

◆ Coloque o bebê sentado no balde com a água até umbigo, prestando atenção aos detalhes do primeiro tópico.

◆ Confirme que, quando colocou o bebê dentro do balde, o nível da água não tenha ultrapassado a linha do peito do seu pequenino. Esse detalhe é fundamental para a segurança do bebê.

◆ Uma mão é usada para segurar o bebê constantemente, apoiando a cabeça. Um balde mais justo é importante para dar o apoio necessário à estabilidade da criança.

◆ Após testar e conferir a segurança, a outra mão é utilizada para manipular a água e dar o banho.

◆ Certifique-se de que, enquanto estiver executando essas etapas com um bebê, o outro está em segurança no berço ou no bebê-conforto.

◆ Ao término do banho, enxugue-o com carinho e delicadeza. Vista-o e coloque em segurança no berço ou bebê-conforto para, somente após, realizar os mesmos procedimentos com o irmão gêmeo.

◆ Faça essas tarefas com um bebê de cada vez.

Capítulo 4

Amamentando gêmeos

Para algumas mamães, a amamentação é um momento mágico de troca de informações, fluidos e afeto com os bebês. Mas, para outras, pode ser uma tarefa dolorida e estressante. Algumas mães têm dificuldade de amamentar, os bicos dos seios podem rachar e isso pode gerar muita dor e desconforto.

Sobre esse tema, prefiro que, antes de seguir qualquer recomendação, consulte seu médico, um(a) enfermeiro(a), consultor(a) de lactação ou parteiro(a). Cada caso deve ser avaliado individualmente. Eu segui as recomendações do meu médico e passarei adiante minha experiência adquirida.

Eu comecei a amamentar os meninos ainda na UTI. Lá tive a ajuda das enfermeiras que ficavam de olho na respiração deles e na minha posição. Assim tenho certeza de que aprendi a melhor maneira para que meus filhos pudessem respirar e mamar com mais qualidade.

A melhor posição encontrada foi sentada, no meu caso. A boca do seu filho deve cobrir em torno de 2,5cm da aréola do seu seio. Se o bebê conseguir encontrar a posição e começar a sucção, ótimo. Caso perceba que ele está tendo dificuldade e precisa ajustar a posição, você pode colocar o dedo no canto da boquinha do bebê para interromper a sucção e fazer o ajuste necessário. Sempre fique atenta à respiração do seu bebê. Certifique-se de que ele está conseguindo respirar corretamente e atenção também a possíveis engasgadas.

Tem mamães que conseguem aprender a posição correta no primeiro dia, outras no terceiro. Algumas levam um pouco mais de tempo, não tem problema. O fato é que você vai conseguir, pois a amamentação é um ato natural e instintivo dos mamíferos. Fique tranquila! Você vai conseguir.

Quando adquirir mais experiência, poderá tentar amamentar os dois ao mesmo tempo. Muitas

Capítulo 4

vezes os dois acordavam e choravam ao mesmo tempo. Quando isso acontecia, meu marido me ajudava com as posições e eu amamentava os dois ao mesmo tempo. É uma sensação maravilhosa! Devido ao tempo que eles ficaram na UTI, fiquei preocupada se teria leite suficiente e se meus bebês estavam se alimentando suficientemente. Fique sempre em contato com seu médico. No meu caso, o médico recomendou a inserção de reforço alimentar por meio de leite em pó especial.

Existem vários tipos de leite em pó disponíveis no mercado. Alguns mais baratos, outros extremamente caros. Claro que cada um deles é para necessidades específicas, portanto você não deve tomar a decisão sozinha de qual utilizar, menos ainda, escolher o leite pelo preço. Sempre consulte seu médico e siga rigorosamente as recomendações dele.

Quando iniciamos a suplementação com leite em pó, as crianças criaram um pouco mais de independência de mim. Algumas mães se sentem mal com essa independência tão precoce. O lado bom é que o marido pode ajudar mais e, claro, não pensei duas vezes em ensinar meu marido para dividir comigo a função de amamentar com mamadeiras. Jerônimo sempre foi muito paizão e participou de todas as etapas. Sempre fez questão de fazer tudo, literalmente tudo que estivesse a seu alcance, não medindo esforços e passando, muitas vezes, por cima de seu cansaço. Trabalhava durante o dia e à noite se levantava para preparar mamadeiras e amamentar nossos filhos. Ajudou-me muito nessa fase.

Tenho que narrar um fato curioso que aconteceu conosco em relação à amamentação. Quando informei ao médico que estava suspeitando que meu leite estava diminuindo, ainda quando os meninos estavam na UTI e a amamentação foi interrompida por conta da piora que eles tiveram no sistema respiratório, o médico me disse que os seios deveriam ser estimulados com sucção. Sugeriu então que meu marido fizesse esse papel.

Capítulo 4

Fiquei receosa em falar isso para Jerônimo, mas criei coragem e falei. Certo que falei com a voz tímida e cheia de vergonha (acreditem, sou tímida) que ele poderia cuspir o leite após realizar a sucção. Para minha surpresa, ele não pestanejou e aceitou o desafio de primeira. A reação dele foi tão positiva e surpreendente que fiquei envergonhada da proatividade dele.

E lá fomos nós! Eu passei um breve tutorial (mais para diminuir minha timidez do que por necessidade) e meu marido começou a sugar. Eu o interrompi e perguntei se ele não cuspiria o leite; num gesto de amor, respondeu que não. Que aquele era o alimento precioso dos nossos filhos e que não se sentiria bem em jogar fora. Por sinal, disse que estava delicioso.

Repetimos o gesto algumas vezes, mas realmente meu leite secou. E não tive muita opção senão aceitar a suplementação alimentar com leite em pó. Portanto, em relação à amamentação, recomendo ainda:

Duas vezes mãe de gêmeos: a história

◆ Estimule o máximo possível a geração de leite. Se não puder amamentar seus filhos, tire o leite e o coloque em frascos de vidros, de preferência com tampas de plástico, tal como recomendado pelos bancos de leite públicos.

◆ Se não for utilizar imediatamente, congele o leite.

◆ Convide seu parceiro ou ajudantes a participar e ajudar a colocar os bebês na posição mais confortável.

◆ Sempre fique atenta à respiração.

◆ Consulte seu médico com a frequência necessária para verificar se estão se alimentando o suficiente e se há a necessidade de fazer suplementação.

◆ Pergunte ao médico qual o bico recomendado para seus bebês. Se ele não recomendar um específico, faça o teste com alguns diferentes e verifique qual se adaptou melhor a cada um.

◆ Será difícil definir o tamanho do sutiã adequado. Compre poucas unidades e teste até descobrir o tamanho mais apropriado. Forros descartáveis podem ajudar na higienização e são mais práticos.

Capítulo 4

Colocando os gêmeos para dormir

Quando os bebês começam a ter uma rotina de sono? Ou seja, quando começam a dormir à noite? O sono é um ponto muito sensível. O cansaço de acordar muitas noites seguidas pode provocar o término de relacionamentos e brigas horríveis. Antes de saber o que fazer sobre essa questão do sono, é importante ter a consciência de que isso vai te atrapalhar, vai te deixar cansada e estressada, vai te deixar mais suscetível à irritabilidade e menos paciente, que isso vai acontecer também com as pessoas que estiverem te ajudando. Já está consciente disso? Esse é o primeiro passo.

O segundo passo é trabalhar o emocional para enfrentar essa situação. Como uma batalha, é possível fazer treinamentos para vencer essas fases difíceis. Para ajudar a desenvolver mais a paciência e conseguir ter mais capacidade de superar essas dificuldades, sugiro fortemente praticar alguns minutos de ioga ou meditação. Mesmo que seja de cinco a dez minutos por dia. A prática de ioga e meditação dará mais condições de enfrentar as adversidades.

No hospital, os bebês, principalmente os prematuros que tiveram uma experiência com a UTI, são submetidos a diversas intervenções médicas que os fazem não ter um padrão, tal como estamos acostumadas em nossas rotinas. Pode acontecer de passarem a noite acordados ou simplesmente não terem padrão de sono (o que considero pior).

Assim é importante ajudar a criar um ambiente propício à criação de um padrão de sono. Claro que tem bebês que conseguem naturalmente desenvolver padrões de sono. Outros demoram mais. Mas podemos estimular a criação desse padrão.

Capítulo 4

◆ Minimize os estímulos ao final do dia: deixe a casa mais escura, mais aconchegante. Diminua também os sons. Se os bebês acordarem para mamar de madrugada, faça poucos movimentos e estimule o mínimo possível.

◆ Use o mínimo de iluminação possível durante a noite.

◆ Estabeleça uma rotina do sono: um banho relaxante, uma massagem, bastante carinho e aconchego durante a amamentação.

◆ Estabeleça horário para os bebês dormirem. O ideal é colocá-los para dormir entre 19h e 20h, pois nesses horários ocorrem picos de melatonina (hormônios do sono).

◆ Evite caminhar com os bebês pela casa. Caso acordem, não saia do ambiente onde estão para não os estimular. Recomendo não acender as luzes também.

◆ Não acorde os bebês à noite para mamar. Se estiverem com ganho de peso e com o desenvolvimento adequados, acordarão por si só. Recomendo consultar sempre o médico para situações particulares. Converse com seu médico sobre isso. Os bebês, nas primeiras semanas de vida, precisam de atenção e cuidados especiais. Consulte o médico.

◆ Respeite as janelas de sono dos bebês. Aqueles que não tiram sonecas durante o dia, tiram à noite, ficam mais irritados, brigam com o sono e relaxam com mais dificuldade.

Duas vezes mãe de gêmeos: a história

◆ Combine com seu marido, companheiro ou ajudante a escala de amamentação, quando os bebês estiverem com suplementação e não dependerem exclusivamente de você, para tentar dormir o máximo possível.

◆ Aumente os estímulos durante o dia. É comum a mamãe estar exausta durante o dia e desejar que a criança durma o máximo possível. Entretanto é importante ter a consciência de que não estimular brincadeiras e ações durante o dia pode dificultar a criação de um padrão de sono e prolongar mais ainda esse estado de sofrimento momentâneo. É importante expor o bebê à luz solar. Abra as janelas da casa para que a luz natural entre para ajudar a regular o ciclo do sono.

◆ Converse com seu parceiro sobre o sono. Ele também estará cansado. Normalmente, os problemas de sono vão até no máximo sete meses de vida. Se tiver dificuldades em organizar o sono dos bebês e isso estiver causando problemas, procure um(a) profissional do sono. Hoje tem muitos(as) profissionais que se especializaram nessa atividade e podem fornecer consultorias que amenizarão os sofrimentos. Repito: consulte sempre o médico em caso de dúvidas.

Capítulo 5
Os gêmeos estão crescendo

Sobreviventes e vencedores. Esses são os adjetivos que nos representam até aqui. Até o que apresentei para vocês, superamos uma gravidez não planejada, uma gestação de risco e delicada, o nascimento cheio de incertezas, 44 dias de UTI neonatal, com direto à piora geral no quadro dos dois bebês e adaptação à nova rotina com a chegada de Thor e Zion.

Vamos realmente nos adaptando e nos ajustando. Até o terceiro mês de vida de Thor e Zion, minha dedicação foi exclusiva à maternidade. Entretanto sentia que estava na hora de dar atenção também ao meu casamento e a mim, principalmente. Uma coisa leva a outra. Queria me sentir melhor para o marido, pois precisava também dar atenção ao meu casamento. Para isso, sentia a necessidade de cuidar do meu corpo, retomar a prática de atividades físicas.

Mamãe quer (e precisa) treinar: o que fazer?

Do nascimento de Zion e Thor ao terceiro mês de vida deles, a única coisa que fiz para cuidar do meu corpo foi usar cinta. Recomendo demais o uso da cinta. Segundo a Dra. Sheila Sedicias, da equipe TuaSaúde*, a cinta ajuda a reorganizar os órgãos da mulher em seu devido lugar, a diminuir o inchaço, dando mais segurança para a mulher se mexer, tossir ou dirigir, principalmente depois de uma cesárea, conferindo melhor silhueta ao corpo.

---

* SEDICIAS, Dra. Sheila. Como usar a cinta pós-parto, 7 benefícios e tipos mais usados. TUASAÚDE, 2020. Disponível em <https://www.tuasaude.com/cinta-modeladora-pos-parto>. Acesso em: 04 de out. de 2020.

Capítulo 5

A Dra. Sheila destaca que é importante a mulher conversar com o médico antes de usar qualquer cinta ou faixa pós-parto e decidir a sua necessidade, porque não usar a cinta pode levar à formação de um seroma, acúmulo de líquido no local da cesárea. No entanto a médica destaca que não é recomendado o uso constante nem prolongado da cinta porque ela pode dificultar os movimentos dos músculos abdominais e perturbar o fluxo sanguíneo, como acontece durante a prática de exercício físico. Assim a cinta só deve ser usada durante o dia e durante a noite, mas nunca na academia; por um período máximo de três meses.

Sabendo disso, decidi que deveria retornar às minhas atividades esportivas. Sempre pratiquei atividades físicas. Na adolescência, treinava *taekwondo*. Aos dezessete anos, me tornei campeã brasileira de *taekwondo*, na categoria juvenil, segundo as regras oficiais da Confederação Brasileira de *Taekwondo*.

Com pouco mais de dezoito anos, focada nos estudos, passei no vestibular da Universidade

Federal do Rio de Janeiro (UFRJ), mudei-me de Brasília para o Rio e parei de treinar para competições. Comecei a treinar musculação e natação. Voltei para Brasília nove meses depois, quando decidi mudar de curso.

Continuei na academia, treinando musculação e, mais tarde, retomei meus treinamentos de lutas. Novamente meus treinos foram interrompidos quando soube da gravidez, em 2008.

Como se pode observar, sempre tive em minha rotina a prática de atividades físicas. E três meses após o nascimento dos meus caçulas, senti que era a hora de retornar aos treinos. Agora, como fazer? Eu fiz assim.

◆ **Definindo a atividade física:** um fator importante é definir qual atividade física. Tem mulheres que gostam de correr,

Capítulo 5

outras de nadar. Eu, até então, gostava mesmo de lutar. Consultei meu médico sobre as restrições. Após ser orientada, decidi que faria musculação e, caso encontrasse um treino de lutas, veria a possibilidade de fazer também. Assim recomendo buscar a atividade que tenha mais afinidade e consulte o médico sobre os limites ou restrições.

◆ **Escolhendo o local para as atividades físicas:** meu marido ficou com a missão de procurar um lugar mais apropriado para os treinos. As variáveis principais foram: distância de casa, preço que se encaixasse no nosso orçamento e as modalidades escolhidas. Hoje muitas academias oferecem muitas modalidades e Jerônimo encontrou uma academia ideal para o nosso momento de vida. Ele encontrou uma academia de musculação que tinha aulas de boxe e *spinning*. Que legal! Consegui uma grade horária que pude mesclar várias modalidades em um mesmo lugar, perto de casa.

Além disso, a academia dispunha de brinquedoteca, ideal para tirar Théo e Henrique de casa por alguns instantes, me acompanhando aos treinos.

◆ **Deixando os bebês sob a guarda de alguém de confiança:** estava tudo planejado, faltava a execução. Para eu treinar, precisava me afastar dos meus filhos, deixando-os sob os cuidados de alguém de extrema confiança. No meu caso, esse alguém foi meu marido. Meu marido sempre foi muito participativo em tudo, desde os primeiros momentos. Como os bebês, aos três meses, já estavam com suplementação de leite em pó especial, ele já dominava todas as tarefas suficientes para ficar uma hora e meia, ou duas horas a sós com os meninos. No nosso caso, eram quatro crianças. Assim a brinquedoteca foi fundamental para a decisão da escolha pela academia, pois levava os mais velhos comigo e Jerônimo ficava apenas com os dois bebês. Muitas mães relutam em começar a fazer atividades físicas por não terem alguém de confiança para deixar as crianças. Lembra que eu avisei sobre a importância da rede de apoio? Para esses momentos, atividade física faz toda a diferença para o bem-estar físico e mental. Além disso, eleva a autoestima e ajuda o corpo a voltar ao que era antes da gestação.

◆ **Definindo os horários e o tempo de afastamento dos bebês:** se você seguir os pontos que apresentei, não terá problema para se afastar de seus gêmeos por uma ou até duas horas por dia. Acredite em mim:

Capítulo 5

esse tempinho longe dos bebês, se estiverem seguros e com alguém de extrema confiança, principalmente se for o outro responsável, como o pai, não fará nenhuma diferença para eles. Mas para você, mamãe, fará muita diferença. O ganho de qualidade de vida será imenso.

Por volta dos cinco meses de vida dos gêmeos mais novos, nossa rotina já estava estabelecida. Percebi os ganhos das práticas diárias de atividades físicas. Sentia-me mais disposta, mais bonita e melhor ao ver meu corpo melhorando a cada dia. Resolvemos tentar ir para as aulas de boxe juntos. Como fazer para que o casal pudesse treinar juntos? Simples, começamos a levar os bebês para a academia conosco, no horário das aulas de boxe. Claro que consultamos o pediatra sobre essa possibilidade. Concedida a autorização, não havendo riscos aos nossos filhos, decidimos inovar.

Viramos a atração da academia. Muitos já me conheciam por ser a mãe dos gêmeos Théo e Henrique, que eu levava para a brinquedoteca. Quando aparecemos, nós seis, na academia, todo mundo parou para ver. Foi nossa primeira aparição pública e, naquele dia, a aula de boxe atrasou.

Colocamos nossos filhos nos bebês-conforto, no centro de treinamento, de frente para nós, e iniciamos a aula. Antes de sairmos, os gêmeos já tinham tomado banho, com fraldas novas e estavam alimentados. A aula tinha duração de apenas cinquenta minutos e acreditávamos que eles dormiriam durante a aula. E não foi que funcionou? Sim, apesar dos tantos olhos curiosos, os bebês dormiram durante toda a aula e pudemos fazer nossa aula de boxe.

Assim conseguimos organizar nossa rotina e retomar nossos treinamentos. Nós temos atividades físicas incorporadas a nossas vidas. Fazem parte do nosso estilo de vida. Aquela decisão de voltar aos treinos quando meus filhos tinham apenas três meses foi realmente uma decisão muito acertada que recomendo a todas as mamães recentes.

Capítulo 5

Retomando os eventos sociais

Após a experiência que tivemos com os meninos na academia, sentimos que estava na hora de comparecermos a alguns eventos sociais. Até aquele momento, havíamos nos recolhidos para dar conta da nossa nova rotina. Decidimos ir a um almoço de domingo na casa da minha sogra. Essa realmente não foi uma boa experiência e vou contar para vocês.

A rotina não era nada leve. Os meninos acordavam ainda algumas vezes durante a noite e, por volta das sete da manhã, horário em que Théo e Henrique também costumavam acordar pedindo o leitinho deles, nos levantávamos, Jerônimo e eu, trocávamos fraldas, banhos e alimentação dos bebês. Ao mesmo tempo, dando atenção aos mais velhos, fazíamos um café da manhã e os colocávamos para brincar.

Passaríamos o dia longe de casa e havíamos planejado chegar à casa da minha sogra por volta das onze da manhã. Começava, então, por volta das nove horas, uma verdadeira batalha para sair com os meninos de casa. Bolsas dos bebês com roupas, mochila dos mais velhos com roupas e bolsa com alimentação dos bebês. Banho no primeiro, segundo, terceiro e quarto. Escolhe roupa de sair, tênis, cabelo. Confere materiais, cadeirinhas para as crianças, bebês-conforto, carrinho e bercinho móvel (lembra que contei que mais tarde tinha comprado um berço removível?). Era tanta coisa! Já passava do meio-dia e faltávamos nós. Deus, eu ainda tinha que me arrumar. Que luta! Já passava de meio-dia e meia e ainda não estava pronta. O resultado foi que chegamos para o almoço, planejado para meio-dia, após às duas da tarde. Na verdade, já eram quase três.

É nessas horas que começam as brincadeirinhas: chegaram para o jantar? Atire a primeira pedra a mãe de gêmeos que nunca ouviu esse tipo de coisa. Comentários e ironias feitas, claro, por quem nunca passou pela rotina com gêmeos.

Com o passar do tempo, conseguimos fazer as tarefas com mais agilidade e precisando, a cada novo evento, de menos tempo para toda a preparação para sairmos de casa. Entretanto, por um bom tempo, éramos sempre os atrasados dos eventos. Infelizmente essa sensação de não conseguir cumprir protocolos sociais nos causava certa frustração e os eventos a que tanto gostávamos de ir deixaram de ser tão desejados, pois passaram a ser associados às sensações frustrantes e de cobranças, acompanhadas das mesmas frases irritantes: "chegaram para o jantar", "chegaram cedo para a janta", "pensei que não viriam mais", "já até recolhi o almoço, mas podemos pedir uma pizza pro lanche da tarde".

Essa sensação ruim só acabou quando decidimos não confirmar mais evento algum. Passamos um bom tempo sem comparecer e tiramos de nossas costas o dever de comparecer a eventos sociais. Essa mudança de visão sobre convites, já sabendo que as pessoas não entenderiam que a nossa realidade era totalmente diferente da realidade delas, fez com que decidíssemos não mais nos preocuparmos com o que os outros pensavam sobre isso. Íamos quando dava, sem pressão, no nosso tempo, no nosso ritmo.

Baseada na minha experiência, recomendo alguns procedimentos que deixarão as mães de gêmeos mais leves e preparadas para comparecerem aos eventos sociais.

◆ Saiba, desde o início, que por mais que as pessoas digam que entendem as dificuldades e trabalho que uma mãe de gêmeos tem, elas nunca entendem de verdade. Não sofra com isso. São realidades diferentes.

◆ Não faça compromissos que causarão transtornos muito grandes. Se precisar organizar tudo sozinha para algum evento social com os gêmeos, ao qual terá que ir também sozinha com eles, repense se é realmente necessário passar por essa experiência de guerra.

◆ Prefira eventos sem horários rígidos.

◆ Deixe uma bolsa para cada bebê sempre pronta com itens necessários, para não precisar arrumar todas as vezes que precisar sair de casa. Tenha sempre fraldas, mamadeira, lenços umedecidos e outros itens próprios para saídas, tais como peças de roupas e calçados.

◆ Existem carrinhos que se acoplam no bebê-conforto. Se tiver condições de comprar, prefira. Já diminui o volume de coisas a transportar.

Nossa primeira viagem com os bebês

Quando Zion e Thor estavam com um pouco mais de sete meses de vida, encontramos um pacote de viagem em conta, que cabia no nosso orçamento. Barato em relação à média de preços para o local e período, vimos uma oportunidade de descansar um pouco. A viagem foi para Porto Seguro, na Bahia.

Duas vezes mãe de gêmeos: a história

Um pequeno grande problema que passamos a ter com viagens foi de encontrar hotéis ou pousadas que aceitassem dois adultos e quatro crianças no mesmo quarto. Nesse caso, com dois filhos de cinco anos e outros dois bebês, tínhamos que ficar todos no mesmo quarto, o que não era e, ainda não é, nada fácil de encontrar. Normalmente, as opções oferecidas são de no máximo dois adultos e duas crianças por quarto. Assim a oferta para nosso caso era de reservas com dois quartos, tendo um adulto e duas crianças por quarto, o que era totalmente inviável para nós. Imagine a logística? Impossível essa composição.

Encontramos um hotel em Porto Seguro que tinha quartos em chalés. O hotel situava-se de frente para a praia de Taperapuan, com fácil acessibilidade à praia e às barracas, com melhor estrutura da região.

Para tornar essa viagem possível, fizemos um megaplanejamento que vou compartilhar em detalhes com você.

◆ **Encontrar o hotel ideal:** ou mais próximo disso possível. Não tínhamos muito dinheiro para a viagem e tudo tinha que ser feito dentro do orçamento da época. Tínhamos feito uma vasta pesquisa pela internet e não tínhamos encontrado um hotel que atendesse nossa necessidade. Assim procuramos uma empresa especializada em viagens e conseguimos encontrar o hotel ideal. Para nós, naquela época com a composição de família que tínhamos, o ideal era:

- Um quarto que comportasse dois adultos, duas crianças e dois bebês;

- Próximo a uma praia tranquila, com ondas calmas, de preferência em frente a ela;

- Próximo, de preferência ao lado, de supermercado, padaria, farmácia e caixa eletrônico do banco ou conveniado.

◆ **Passagens aéreas:** na hora de comprar as passagens, precisa ficar bastante atento ao preço, claro, mas cuidado com as passagens mais baratas. Normalmente, as passagens mais baratas possuem escala e desaconselho fazer voos com escala com filhos pequenos e bebês. Procure sempre a passagem mais barata SEM ESCALA. Na hora de reservar poltronas, precisa sempre prever uma criança ao lado de um adulto. No nosso caso, os

Duas vezes mãe de gêmeos: a história

bebês iam no colo e os meninos, um ao meu lado, e o outro, ao lado do Jerônimo.

◆ **Prever o translado:** muita gente não tem o hábito de planejar ou se preocupar com o translado. Entretanto, com uma família como a nossa, o translado precisa ser muito bem planejado, pois a falta de planejamento pode causar transtornos e complicações, e uma coisa garanto: não é nada bom ficar preso em algum lugar sem a estrutura adequada com duas crianças de cinco anos e dois bebês de sete meses. Assim evite pegar ônibus coletivo e deixar para pedir um taxista somente ao desembarcar. Pense bem: você terá malas e mais malas para carregar e crianças de colo. Não é nada fácil pegar ônibus coletivo com essa composição. Sobre o táxi, não é em qualquer veículo que cabe, adequadamente, uma família com gêmeos e crianças. Recomendo locar um carro de seis ou sete lugares ou contratar uma empresa especializada para fazer o translado necessário. No nosso caso, preferimos a locação. Encontrei uma empresa pela internet, conferi a credibilidade e fiz a contratação antes mesmo da viagem. Quando chegamos ao aeroporto de Porto Seguro, já havia uma minivan nos esperando para o translado.

Capítulo 5

◆ **Organização prévia das malas:** claro que tem coisas e pertences que só são possíveis de colocar na mala na véspera da viagem. Mas todas as outras podem ser organizadas com antecedência. Mais uma vez, destaco a dificuldade de se deslocar com muitas malas, bebês-conforto, bebês e crianças. Na hora de arrumar as malas, precisa ter tempo e calma para pensar em toda a rotina da viagem, para não esquecer nada. Por outro lado, precisa levar somente o necessário, para evitar levar peso e volume sem a real necessidade. A melhor composição que encontrei foi:

- Uma mala para mim;
- Uma mala para Jerônimo, com algumas coisas minhas (sapatos, por exemplo);
- Uma única mala para Théo e Henrique;
- Uma única mala para as roupas dos dois bebês;
- Uma mala com itens diversos necessários para os bebês (mamadeiras, papinhas, leite em pó especial etc.);
- Dois bebês-conforto.

◆ **Seguro-viagem:** você já fez um seguro-viagem? Muita gente nunca ouviu falar nisso. Naquela época não era tão comum, mas hoje já é mais difundido. O seguro-viagem é superimportante para as viagens nacionais e imprescindível para as viagens internacionais. O seguro-viagem é um serviço que tem como objetivo prestar suporte ao viajante e ajudá-lo a sanar diversos problemas durante sua jornada. Em geral, ele é uma ótima forma de evitar uma grande dor de cabeça, além de levar a muita economia. Tem muitos serviços oferecidos no seguro-viagem, mas com bebês e crianças o mais importante é a assistência médica. Nunca se sabe quando se precisará de um atendimento de emergência. Nessas horas, o seguro-viagem é maravilhoso e pode salvar a viagem de um problemão.

◆ **Conhecer a rede hospitalar do local:** sério que você pensa nisso? Claro que sim. Tem algo pior que precisar de médico para seu filho ou filhos em um local totalmente estranho e não saber a quem socorrer? Normalmente, a rede de saúde pública é precária. Essa é a realidade do nosso país. O atendimento particular costuma ser caro, mas tendo o seguro-viagem e conhecendo quais as redes associadas, terá menos problemas ou, no mínimo, terá mais possibilidades de solução dos problemas que surgirem.

◆ **Visitar o supermercado próximo:** lembra que, ao escolher o hotel, pesquisará antes se há um mercado próximo? Não abra mão disso e visite o mercado logo

Capítulo 5

no primeiro dia de viagem. Conhecendo-o, terá uma noção do que encontrar em caso de necessidade. Além disso, fazer compras no primeiro dia trará boa economia com restaurantes e comidas na praia.

Assim finalizamos o megaplanejamento para viajarmos com as crianças e os bebês. Feito isso, falta aguardar a data da viagem e curtir, ou não.

A viagem: ou seria operação de guerra?

Foi uma verdadeira operação de guerra. Durante a arrumação das malas, um dia antes, foi um Deus nos acuda. Menino chorando, casa bagunçada, serviço para um batalhão inteiro. Jerônimo trabalhou o dia todo e chegou somente à noite (mal sabia ele o que o aguardava). Banho em crianças, comida para todos, mamadeiras, malas, mais malas, choros, bagunça... cadê isso, cadê aquilo. Sério, recomendo demais ir organizando o máximo de coisas possíveis bem antes da véspera. Ah, não deixe seu marido trabalhar na véspera. Essa experiência levei para a vida.

Enfim deu tudo certo. Chegamos ao aeroporto. Bebês-conforto em mãos, documentos e bolsas com lanches, água, roupinhas. Ufa! Quem inventou essa viagem mesmo?

Ao entrar no avião, destaque para a reação dos meus gêmeos mais velhos. Théo e Henrique estavam maravilhados com a aeronave. Conhecer a cabine foi fantástico e inesquecível. Claro que houve um revezamento entre o marido e eu para cuidar dos bebês e prestigiar esse momento mágico com os dois mais velhos. Não posso deixar de citar outro fato marcante. Jerônimo sempre enjoa em viagens de avião. Deus, além de administrar duas crianças, dois bebês, ainda tenho que cuidar do marido passando mal, enjoado com o movimento da aeronave? Posso descer e voltar? Credo! Nem o mais preciso planejamento seria capaz de prever esse risco de ficar sozinha com tudo isso para administrar. Deu um trabalhinho, mas depois de administrar o remédio para enjoo, ele conseguiu segurar as pontas e me ajudar com todos. Ufa!

Chegamos a Porto Seguro. O plano estava dando certo e a van estava nos esperando na sala de desembarque. Preciso dizer que já estava morta de cansaço? Entramos na van e conseguimos chegar ao hotel.

O hotel não tinha luxos, mas era confortável e adequado à nossa necessidade. A equipe havia colocado dois berços no quarto e havia um sofá-cama que atendia nossas crianças perfeitamente. Que mágico! Uma renovação de energia tocou nossas almas e a felicidade ocultou o cansaço da viagem.

Já era noite e o que foi possível fazer foi levar as crianças para ver o mar (os meninos estavam morrendo de ansiedade para isso e, confesso, nós também para ver esse momento). Que sensação incrível! Aquele calor baiano, céu estrelado, vento calmo e quente, mar calmo. Estávamos eufóricos com toda aquela cena. Agradeci a Deus por me proporcionar aquele momento único e maravilhoso.

De fato, para chegarmos até ali, foi realmente uma megaoperação de guerra. Mas aquela noite maravilhosa, com todas as sensações inesquecíveis, me deu a certeza de que a guerra foi ganha. Graças a Deus!

O dia seguinte começou bem cedinho, por volta das seis e meia da manhã, com nossos bebês acordando

Capítulo 5

risonhos e brincalhões. Mantivemos a rotina com o café da manhã e banhos; a grande dificuldade foi conter a ansiedade dos mais velhos em ir para a praia.

Conseguimos ir para a praia por volta das 9h da manhã, apesar de todo o nosso esforço para chegarmos mais cedo e aproveitar o Sol mais fraco, principalmente para os bebês e para as crianças. De tudo o que passamos, o grande aprendizado é o que apresentamos agora para você:

◆ Ao acordar, mantenha a criança distraída com música, desenho animado na tevê ou livros infantis. Você precisa de atenção para preparar a bolsa de praia do bebê;

◆ Prepare a bolsa de praia do bebê. Não se esqueça da alimentação adequada dele, principalmente água mineral para hidratá-lo o tempo inteiro;

◆ Passe protetor solar ainda no quarto do hotel. Não deixe para fazer isso na praia. Reforce o protetor algumas vezes durante o dia, mas passe em todos ainda no hotel;

◆ Procure uma barraca com sombra. Não recomendo ficar próximo ao mar, debaixo apenas de um guarda-sol. Procure um local com telhado para se fixar, de preferência mais próximo da areia, para que as crianças possam brincar com segurança e com o sol controlado;

- Instale-se em local apropriado e combine o revezamento ao mar com seu parceiro. É fundamental manter a atenção total ao movimento das crianças e, ainda, da guarda dos pertences, principalmente se estiver em praias brasileiras. Nunca é bom descuidar de nada;

- Nunca deixe as crianças entrarem no mar sozinhas. Entre sempre com elas ou peça ao seu companheiro que faça isso enquanto fica com os bebês na barraca. Ao entrar no mar, não solte as mãos, tampouco permita que a água cubra além da linha dos joelhos;

- Leve sempre um bebê por vez ao mar. Deixe-o sentir a areia, começando a molhar primeiro os pés. Pode ser que se assuste no primeiro contato, principalmente se a água estiver um pouco fria. Deixe que sinta, gradativamente, a água tocar seu corpo, iniciando pelos pés;

- Se sentir confiança em mergulhar a cabeça, recomendo que molhe aos poucos com suas mãos e faça isso com ele em seu colo, rapidamente. Pode ser que sinta os olhos arderem, devido ao sal.

Capítulo 5

Para nossa surpresa, tivemos a grata satisfação de encontrar conhecidas na praia. Eram duas amigas de Brasília que haviam estudado o ensino médio com Jerônimo. Coincidência? Elas eram gêmeas e pudemos trocar muitas experiências. E tivemos ajuda também. Ajuda especial de gêmeas.

Ficamos na praia até por volta das 14h. Os bebês brincaram, divertiram-se, tiraram sonecas. As crianças aproveitaram bastante. Retocamos o protetor solar de hora em hora e voltamos para o hotel para descansarmos um pouco.

Chegando ao hotel, percebemos que Théo e Henrique estavam com a pilha carregada ainda. Decidimos então separar o casal: Jerônimo foi para a piscina com as crianças e eu fiquei no quarto com os bebês. Jerônimo cuidou dos bebês para eu tomar um banho rápido e cumprirmos o combinado.

Preparei papinhas, banhos, cremes. Foi uma tarde muito gostosa com meus bebês. Estavam alegres, sorridentes. Tudo estava ocorrendo bem e eu também estava muito contente, apesar do cansaço aparente.

Jerônimo é muito agitado. Brincou o resto da tarde com Théo e Henrique na piscina. Contou que foi uma tarde superdivertida e que deu tudo certo. Por volta das 19h, jantamos e aproveitamos um pouco mais a noite no chalé antes de dormirmos.

Foram cinco dias seguindo rotinas parecidas. Confesso que, no terceiro dia, já estava com saudade de casa. Talvez você deva estar se perguntando: e o casal aproveitou um pouquinho a viagem e conseguiu namorar? A resposta é não. Não foi possível namorar, momentos a sós, a dois. Quem sabe numa próxima viagem, sem as crianças. Não foi mesmo

Capítulo 5

possível. O máximo que conseguimos foi dormir. Mortos, da intensidade do dia.

O retorno para casa também deu certo, graças à rotina planejada e aos serviços contratados com antecedência. Que delícia voltar para casa! Essa foi uma viagem inesquecível. No fim das contas, recomendo esperar os bebês crescerem um pouquinho mais.

Capítulo 6
E o tempo voa

A luta contra o sono

Com o passar do tempo, a impressão que a mãe de gêmeos tem é de que a dificuldade não diminui. Mas a verdade é que ela diminui, sim. Essa impressão acontece porque os desafios mudam. Os gêmeos aprendem a andar, a pular, sobem e descem degraus. Essas ações duplas exigem atenção e cuidados redobrados.

Outro ponto a ser considerado é que começam a falar e a manifestar suas vontades. Nesse ponto, eles já conhecem o pai e a mãe que têm e começarão a testar limites. Para essa fase, tivemos o privilégio de contratar uma babá. Foi fundamental para manter minha estrutura física e mental. A ajuda de uma terceira pessoa me trouxe bastante alívio e me possibilitou fazer outras atividades.

Tenho que destacar uma dificuldade que tivemos com nossos gêmeos mais novos, após completarem um ano de idade. Após os doze meses de vida, falantes e cheios de energia, Zion e Thor começaram a ter dificuldade para dormir. Eles tentavam resistir ao sono a todo custo. Tivemos que implementar algumas ações em casa para conseguirmos colocá-los para dormir.

Criamos uma rotina seguida igualmente pela babá, por Jerônimo e por mim. Diminuíamos o volume de aparelhos eletrônicos, as luzes da casa, levávamos os bebês para o quarto e instalamos uma rede em casa, na varanda do quarto deles. Sim. Uma rede. A rede foi uma ferramenta maravilhosa para colocarmos os bebês para dormir. Para ajudar, vou listar o passo a passo criado para acalmar nossos agitadinhos que lutavam contra o sono, além do que foi apresentado no capítulo 4 no trecho "Colocando os gêmeos para dormir":

Capítulo 6

- Estabeleça um horário fixo para que seus bebês durmam. Respeite esse horário todos os dias;

- Dê um banho quente antes de dormir. Após o banho, hidrate seus bebês com creme apropriado, massageando o corpo deles, para que possam relaxar. Cante músicas leves e tranquilas durante esse processo;

- Alimente seu bebê trinta minutos antes do horário de dormir. Faça isso em ambiente calmo e com pouca luz;

- Ao colocá-los para dormir, no berço ou na cama, toque músicas calmas. Nós fazíamos isso na rede que instalamos na varanda do quarto. Eles adoravam e dormiam rapidamente.

Gêmeos em escola: juntos ou separados?

Nossos bebês já estavam com quase três anos quando pensamos em matriculá-los em uma creche. A rotina não estava nada fácil: duas crianças e dois bebês, vinte e quatro horas por dia, não é nada fácil. A rotina consome o psicológico de qualquer um. Além disso, eu havia passado em um concurso e recebi a convocação para voltar a dar aulas de biologia na Secretaria de Educação do Distrito Federal.

Eu já tinha passado a experiência com Théo e Henrique, já tive gêmeos em escolinhas, imaginei que não teria problema em colocar Thor e Zion também. Uma dúvida comum com mães e pais de gêmeos é: devem ficar na mesma sala de aula ou em salas separadas?

Nessa altura do campeonato, Théo e Henrique, com cerca de oito anos de idade, já estudavam no Colégio Militar Dom Pedro II, em salas separadas. Mas nem sempre foi assim. Fui atropelada por diversos sentimentos e emoções que me

Capítulo 6

confundiram muito. Théo e Henrique estiveram sempre juntos durante a pré-escola. Entretanto, chegado o primeiro ano do fundamental, foram separados de sala e eles sofreram muito com essa separação. Ficaram tristes por um tempo. Théo apresentou febre de origem desconhecida que o médico atribuiu à possível separação dos gêmeos. Fiquei muito sentida com isso.

Chegou a vez do Thor e do Zion. E agora? Devem ficar separados? Juntos? Não sabia o que fazer, por isso fui pesquisar e ouvir especialistas para tomar a decisão. O fato é que meus filhos, até aquele momento, conviviam, diariamente, apenas com a família. Ou seja, o mundo deles, até aquele momento, era o ambiente familiar. Claro que já tinham tido contato com outras crianças em festas, eventos, no condomínio. Mas no convívio diário, pode-se dizer que estavam numa zona de conforto, vivendo entre pessoas próximas.

A escola é um momento de descobertas, contato com outras crianças, aprendizados diferentes,

Duas vezes mãe de gêmeos: a história

desenvolvimento de hábitos e comportamentos sociais, muitas vezes diferentes do que aprendem dentro de casa. Ou seja, a primeira escolinha, a creche ou a pré-escola vai apresentar aos gêmeos um mundo externo, maior, mais complexo, cheio de aprendizados e informações. Assim, após ouvir pedagogos, psicólogos, coordenadores e o pediatra, entendi que o melhor a se fazer, nessa fase inicial, é mantê-los juntos.

É sabido que a presença um do outro traz conforto e confiança para ambos. Assim sentem-se mais seguros frente a situações novas ou à necessidade de tomar decisões. Naturalmente, conforme forem se sentindo habituados à nova realidade, sentirão mais confiança em agir individualmente e desenvolverão as habilidades individuais.

Depois de longas conversas com o marido, nos sentimos mais confortáveis com esse ponto de vista e tomamos a decisão: deixamos os dois na mesma sala.

Capítulo 6

Quando a união em excesso atrapalha

Por mais que a rotina seja puxada, quando paramos para reparar, percebemos o quanto o tempo passa rápido e como nossos filhos crescem rápido também. Um dia estávamos enfrentando o desafio de colocar as crianças na pré-escola; no outro, estamos recebendo bilhetes na agenda sobre o comportamento dos gêmeos.

"Mamãe, informo que na tarde de hoje Zion e Thor estiveram muito dispersos na escola. Conversaram muito durante as aulas."

"Papai e mamãe, seus anjinhos estão ativos e são bastante unidos. Mas percebemos que se fecham em seu mundo e atrapalham outros colegas em sala com conversas e brincadeiras em excesso."

Num dia eles estão "descobrindo o mundo externo, maior, cheio de informações". Noutro, estão atrapalhando o mundo exterior a prestar atenção na aula com brincadeiras em excesso. Realmente, pais de gêmeos passam situações inimagináveis aos pais de um só filho.

Parece brincadeira, mas foi exatamente isso que passamos com Thor e Zion. A duplinha se fechava tanto no mundo particular dos dois que simplesmente ignorava o mundo externo. O que antes era um ponto forte, passou a ser uma preocupação para nós.

Coincidentemente, ou não, no auge dessa crise que vivíamos com nossos gêmeos mais novos na escola, conseguimos a tão sonhada vaga deles no Colégio Militar do Corpo de Bombeiros, a mesma escola em que os gêmeos mais velhos já estudavam. Era nossa oportunidade de verificar se o problema estava realmente com os gêmeos ou na escola.

Capítulo 6

A mudança de escola foi no meio do ano. Ou seja, não houve um encerramento de ciclo normal. Foi tudo repentino. Preparamos uniformes, corremos com as matrículas e mudamos nossos caçulas de escola.

Nossa expectativa estava elevada. Será que o problema de dispersão e brincadeiras em sala de aula estaria resolvido? Com a escola nova, sintonizariam a vibração da turma e sairiam de seu mundo gemelar particular se adequando ao ritmo dos outros alunos?

Três dias foram o suficiente para a resposta. A coordenadora ligou para meu celular e solicitou uma reunião na escola. Não disse o motivo, tampouco o objetivo da reunião. Claro que cheguei apreensiva. Estava ansiosa e angustiada.

Sem muitos rodeios, a coordenadora destacou a união dos meus filhos. Disse que eles são bastante unidos, fazem tudo juntos ao extremo. E o que eu mais temia: disse que eles ficam se chamando e conversando entre si a aula inteira, independentemente da posição que estão na classe. Falam, se olham, riem, têm de tudo um pouco.

Não teve outro jeito. A solução para o problema seria separar a dupla. Cada um em uma sala. Contato direto? Só no intervalo e no final da aula.

A decisão foi tomada. Não tinha mais volta. Hora de separar os gêmeos e deixá-los desenvolverem as habilidades individuais. A escola acompanhou de perto essa separação e nós, os pais, ficamos atentos às mudanças em casa.

Aos poucos, tudo foi se ajustando. Transforma-ram-se em outros alunos, totalmente diferentes. Cada um com suas peculiaridades. Começamos, a partir dali, a conhecer um pouco melhor quem era Thor sem Zion, e quem era Zion sem Thor. Con-firmada a lição aprendida com os gêmeos Théo e Henrique: a hora de separar chega e é necessária. Unidos sim, mas não em tudo, respeitando o de-senvolvimento individual de cada um.

Capítulo 6

Capítulo 7
Quero meus bebês de volta?

A mãe de gêmeos tem uma rotina tão intensa que daria para escrever uma história por dia. Sim, um dia com duas duplas de gêmeos parece, por vezes, terem para lá de cem horas, e eu poderia ter vários diários preenchidos.

Vivi intensamente cada fase dos meus filhos, de todos eles, individualmente, como dupla de gêmeos e como quarteto. Graças a Deus, os quatro são superamigos e se entendem superbem.

Théo, meu gêmeo primogênito (sim, nasceu primeiro), tem suas características peculiares. É fechado, sério e, algumas vezes, desatento. Sempre brincamos com ele que não pode ver um buraco na rua que cai dentro. É bastante responsável com os irmãos mais novos. Assume bem o papel de irmão mais velho. É também muito determinado, possui habilidades esportivas e assume papel de liderança do quarteto.

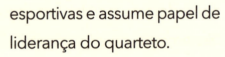

Henrique, o gêmeo do Théo, vive perturbando o juízo do irmão gêmeo. É muito alegre, animado, bastante amigo e fiel, principalmente ao seu gêmeo. É extremamente correto, humilde e reconhece seus erros com facilidade.

Capítulo 7

Zion, o gêmeo do Thor, nasceu 30 segundos antes do irmão. Centrado, espiritualizado, possui gostos e preferências diferentes dos outros três. Chamado pelos irmãos pelo apelido "Neozinho"(não sei de onde eles tiraram isso), gosta de música e de ouvir o canto das aves. Tem vontades próprias e não faz a mínima questão de mudar de opinião para agradar terceiros.

Thor, autodenominado "a lenda", é o típico leonino aparecido. Cheio de personalidade e atitude, toma a frente de situações, não tem medo de se posicionar e detesta perder um argumento. Segundo diz: "eu amasso no argumento".

Apesar de terem carinhas parecidas, afinal são todos univitelinos, são indivíduos bem diferentes. Cada um com sua característica e gosto; mesmo assim, possuem algumas características em comum. A primeira delas é a união.

Os quatro são seus melhores amigos. Estão sempre juntos, buscam atividades que integrem os quatro, mesmo com a diferença de idade. É esperado que, daqui para frente, Théo e Henrique busquem atividades diferentes dos irmãos. Batendo à porta da maioridade, é de se esperar que os interesses sejam diversos dos irmãos de doze anos.

A segunda característica em comum é o gosto por lutas e desenhos japoneses, que não entendo muito nem sei de onde tiraram isso. Os quatro passam horas conversando sobre personagens de desenhos antigos, da minha época de adolescente, e se divertem testando técnicas de defesa pessoal.

Outro ponto em comum: são apreciadores do café. Isso mesmo, pesquisam novas receitas, experimentam, testam combinações e nunca deixam faltar, principalmente no café da manhã, feito por eles mesmos.

Sinto-me uma mãe realizada. Reflito e viajo em memórias que remetem a momentos únicos vividos com meus gêmeos. Hoje, com todos eles na adolescência, muitas mães me perguntam: se pudesse, teria seus bebês de volta?

Capítulo 7

Minha resposta é curta e direta: não. Eu tive o privilégio e a graça divina de ser presenteada com duas duplas de gêmeos. Se na primeira vez foi muito corrido, fazendo faculdade e trabalhando enquanto mãe de gêmeos, Deus me presenteou com mais uma dupla. Deu-me outra chance de viver cada fase novamente. Cada etapa foi vivida com intensidade e com extrema riqueza de detalhes. Não quero voltar. Quero continuar a seguir, a sentir cada detalhe, cada momento, cada aprendizado com cada um deles e com todos eles.

A adolescência é a fase do momento. Fase de muitos desafios que requerem atenção, proximidade, amor e compreensão. Além disso, destaco que minha família é bem grandinha. Não só pelos filhos, mas também pelos nossos doze cachorrinhos. Isso mesmo! Tenho cinco homens e doze caninos em casa. Não sobra tempo de pensar em aumentar essa família mais.

Ainda não tenho experiência com a fase adulta. Mas é assim que a vida é. Apesar das inseguranças naturais que surgem às vezes, me sinto preparada para os próximos passos.

Assim seguirei, dia a dia, aprendendo, curtindo e vivendo cada momento com meus filhos. E não pararei por aqui. Continuarei seguindo a minha missão de orientar e ajudar outras mamães de gêmeos e múltiplos, escrevendo a minha história como mãe de gêmeos, a história da #duasvezesmãedegêmeos.

Bônus

As frases ditas a uma mãe de gêmeos: as 10+

Não poderia deixar de citar e comentar as principais frases ditas às mães de gêmeos. É impressionante que, pode ser no *shopping*, na rua, em festas, em qualquer lugar, as frases são as mesmas. Vamos a elas.

#1 Vocês têm gêmeos na família ou foi tratamento? E é verdade que pula uma geração?

Essas são realmente as perguntas número 1. Impressionante a quantidade de pessoas que me param e fazem essa pergunta. Fila de supermercado?

Certeza de que pelo menos uma pessoa virá me perguntar. Antes de mim, desconheço a existência de gêmeos na família. A verdade é que você pode não ter gêmeos na família, não ter feito tratamento e ficar grávida de gêmeos. Pode 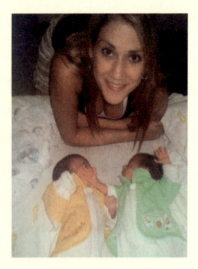 acontecer e aconteceu comigo. Deus me escolheu. É assim que vejo isso. Posso falar? Tem muitas mães de gêmeos que não gostam de ouvir essa pergunta. E eu entendo. A questão genética é, sim, um fator que pode aumentar a chance de uma gestação gemelar espontânea. Este fator é predominantemente da família da mulher. Não pula geração e quanto mais próximo o familiar com gêmeos, maior a chance.

#2 Você sabe que não terá mais vida, né?

Eu ouvi essa frase nas duas gestações, principalmente na segunda, que não foi nada fácil. Quando se está grávida de gêmeos, além de ficar ansiosa para conhecer o mundo novo da maternidade, é normal ter medo das incertezas de tudo. Esse é o tipo de frase que ninguém gostaria de ouvir. Consegui superar, organizar minha vida, trabalhar, estudar, ser mãe. Quando veio a segunda gestação, tudo o que eu mais ouvia: ixi, agora nem a Mulher Maravilha dá conta! Olha, eu estava quase me convencendo disso. Mas vieram os outros dois, a vida foi se ajustando e cá estou contando minha história.

#3 São idênticos? (eu tenho duas duplas)

Sinceramente, essa é uma pergunta que tenho certeza de que só fazem mesmo para puxar assunto. Gente, eles são a cara de um, focinho do outro! Kkkk.

Os gêmeos idênticos são iguais. Já os gêmeos não idênticos são formados pela fecundação de dois óvulos por dois espermatozoides.

Na verdade, podem ou não ter o mesmo sexo e equivalem a duas gestações que se desenvolvem ao mesmo tempo e no mesmo ambiente. Se você se deparar com gêmeos semelhantes, iguais, eles são idênticos. Isso vale para todos.

#4 Eles vão nascer prematuros?

É comum, porém não é uma regra. Estudos dizem que, em 55,5% das gestações de múltiplos, os bebês nascem antes das 36 semanas e são considerados prematuros. A probabilidade de gêmeos nascerem prematuros é realmente maior do que em gestações de um único bebê, mas a maioria das mães de gêmeos que conheço não teve parto antes da hora. Théo e Henrique nasceram como previsto: igual nas gestações de apenas um feto, nove meses aproximadamente.

Já Zion e Thor nasceram de 31 semanas e ficaram 44 dias na UTI neonatal para ganhar peso e se desenvolverem. A boa notícia é que os avanços da medicina neonatal estão cada vez melhores e a perspectiva de vida de um prematuro é altíssima.

#5 Dá muito trabalho?

Depois de ouvir essa frase mais de uma centena de vezes, passei a entender o motivo da pergunta. A verdade é que essa frase esconde uma imensa curiosidade das pessoas de saber detalhes sobre a rotina com os gêmeos. Isso é fato, porque todo mundo sabe que dá trabalho. Muito! Com duas duplas então, nusss! Cada recém-nascido tem, em média, 8 trocas de fraldas por dia, ou seja, pelo menos 16 vezes no seu dia você vai fazer isso. Fora dar de mamar, fazer arrotar, dar banho. Tudo em dobro. Lembrando que, no meu caso, ainda tinha duas mamadeiras a mais, brigas, choros, atenção que requisitavam. Ufa! Não foi nada fácil! Precisa de muita organização e ajuda. Coloque o pai para trabalhar, sem dó.

#6 Quando um fica doente, o outro também fica?

Não necessariamente, não é uma regra. Mas é impressionante como acontece muitas vezes, sim. Aqui em casa é comum isso, sim. Engraçado que Théo e Henrique ficaram doentes poucas vezes. Já os mais novos, até os sete anos de idade, tinham muitos problemas respiratórios e de garganta inflamada.

#7 Quando virá a dupla de meninas?

Gente, sério, essa pergunta me dá nos nervos. Detalhe: a maioria das pessoas que faz essa pergunta nunca teve um filho. Acredita? É ou não é sem noção?

#8 Nossa, eu admiro mães de gêmeos. Com um só já fico louca.

É impressionante como nos adaptamos a tudo, né? Quando fiquei sabendo que estava grávida da segunda dupla, fiquei muito mal. Havia apenas quatro anos da primeira gestação e ainda estava numa rotina louca e cansativa. Praticamente todas as mães de gêmeos acham "simples" cuidar de um só, pois já estão acostumadas a fazer tudo dobrado. Só uma mãe de gêmeos sabe o trabalhão que eles dão, mas também as alegrias infinitas que nos oferecem a cada dia.

#9 Eles dormem no mesmo quarto? Ouvi dizer que isso NÃO é bom...

Sério? Nunca ouvi falar isso. E mesmo se tivesse ouvido ou lido algo nesse sentido, nem daria ouvidos. Aqui em casa é impossível pensar em colocá-los para dormir separados. Fazer o quê? Uma casa com cinco quartos? A identidade de cada um não está relacionada ao lugar em que eles dormem. Eles passaram a gestação inteira juntos. Os meus dormem no mesmo quarto e AMAM! Os mais velhos têm um quarto para eles e os mais novos têm outro separado. Constantemente, os quatro dormem juntos, no quarto dos maiores ou no sofá. Eles adoram.

#10 Como é ser duas vezes mãe de gêmeos?

É uma loucura. Ser mãe de gêmeos é ser muito especial. É um aprendizado constante. Não tem padrão, todo dia é um dia diferente. Quando tive minha segunda dupla, tive que me reinventar. Minha rotina não era mais a mesma. Minha vida mudou. Minha visão de mundo mudou. Costumo dizer que tive três vidas numa só: uma antes de ter gêmeos; outra, depois de ter gêmeos; e outra, com a segunda dupla de gêmeos.

Costumo dizer o seguinte: Deus não escolhe os capacitados. Ele capacita os escolhidos. É assim que me sinto: muito especial, escolhida por Deus para uma missão muito linda e nobre. Dezesseis anos após o primeiro nascimento dos meus primeiros filhos, posso dizer que é, sim, uma missão. E a sigo cumprindo com muito amor e afinco.

Referências bibliográficas

Agência Câmara de Notícias. Disponível em: <https://www.camara.leg.br/noticias>. Acesso em: 17 de set. de 2020.

ANDRADE, Laís. *Quais são as chances de uma mulher ter uma gestação de gêmeos?* Bebê.com.br, 2016. Disponível em: <https://bebe.abril.com.br/familia/quais-sao-as-chances-de-uma-mulher-ter-uma-gestacao-de-gemeos/>. Acesso em: 17 de set. de 2020.

ASSUMPÇÃO, Guilherme. *Idênticos! Veja os irmãos gêmeos que atuam no futebol.* SportBuzz, 2020. Disponível em: <https://sportbuzz.uol.com.br/noticias/futebol/identicos-veja-os-irmaos-gemeos-que-atuam-no-futebol.phtml>. Acesso em: 17 de set. de 2020.

Câmara aprova garantia de mesma escola pública para irmãos. <https://educacao.uol.com.br/noticias/2009/10/15/camara-aprova-garantia-de-mesma-escola-publica-para-irmaos.htm>. Acesso em: 17 de set. de 2020.

CARRAHER, T. N. *O método clínico usando os exames de Piaget.* São Paulo: Cortez, 1989.

Curiosidades sobre gêmeos. Disponível em: <https:// www.acessa.com/mulher/arquivo/eles/2003/11/18-gemeos/curiosa.php>. Acesso em: 17 de set. de 2020.

Dez curiosidades sobre gêmeos que vão te surpreender. Disponível em: <https://www.huffpostbrasil.com/2014/03/31/ 10-curiosidades-sobre-gemeos-que-vao-te-surpreender_n_5062377.html>. Acesso em: 17 de set. de 2020.

DIAS, A.C.; MORENO. M.C.C. & ORTIZ, T. A. *Valoración del desarrollo mental y psicomotor de treinta parejas de gemelos nacidos en el Hospital Clínico de Madrid.* Arch. de Neurobiol., 1984, pp. 47(2), 89-98.

Dicas de livros sobre filhos gêmeos. Constance Zahn Babies & Kids, 2012. Disponível em: <https://babies.constancezahn.com/dicas-de-livros-sobre-filhos-gemeos/>. Acesso em: 17 de set. de 2020.

FARIA. A. R. *O desenvolvimento da criança e do adolescente segundo Piaget.* São Paulo: Ática, 1989.

FLORIANO, Bruna. *Hospital americano bate recorde e recebe 12 bebês para cuidar ao mesmo tempo.* Pais&-Filhos, 2019. Disponível em: <https://paisefilhos.uol. com.br/bebe/hospital-americano-bate-recorde-e-rece-

be-12-bebes-gemeos-para-cuidar-ao-mesmo-tempo/>. Acesso em: 17 de set. de 2020.

GIANNINI, Deborah. *Mulher dá à luz gêmeos com 11 semanas de diferença*. R7, 2019. Disponível em: <https://noticias.r7.com/saude/mulher-da-a-luz-gemeos-com-11-semanas-de-diferenca-entenda-28082019>. Acesso em: 17 de set. de 2020.

GOULART, I. B. *Piaget: experiências básicas para utilização pelo professor*. 3. ed. Rio de Janeiro: Vozes, 1985.

Irmãos gêmeos: 15 curiosidades que você nem imaginava. Disponível em: <https://www.megacurioso.com.br/comportamento/43059-15-curiosidades-sobre-irmaos--gemeos-que-voce-nem-imaginava.html>. Acesso em: 17 de set. de 2020.

MALMSTROM, P. & POLAND, J. *Criando filhos gêmeos: as alegrias e os desafios de educar gêmeos e outros múltiplos*. São Paulo: M. Books, 2004.

MATHER, P. L. & BLACK, K. N. *Hereditary and environmental influences on preschool twins' language skills*. Developmental Psychology, 1984, pp. 20(2), 303-8.

NEVES, Nina. *Qual é o recorde de gêmeos nascidos em uma única gestação?* Superinteressante, 2015. Disponível em: <https://super.abril.com.br/mundo-estranho/ qual-e-o-recorde-de-gemeos-nascidos-em-uma-unica- -gestacao/>. Acesso em: 17 de set. de 2020.

NORBIM, L. D. *Aspectos iniciais do tema "Gêmeofobia"*. Webartigos, 2018. Disponível em <https://www.webar-tigos.com/artigos/aspectos-iniciais-do-tema-gemeofo-bia/156120>. Acesso em: 17 de set. de 2020.

O desenvolvimento embrionário. Só Biologia. Disponível em: <https://www.sobiologia.com.br/conteudos/embrio-logia/reproducao16.php>. Acesso em: 17 de set. de 2020.

PIAGET, J. *Seis estudos de Psicologia*. Rio de Janeiro: Forense-Universitária, 1985.

Prematuridade e a prorrogação do início da licença-mater-nidade. Associação Brasileira de pais, familiares e cuidado-res de bebês prematuros, 2019. Disponível em: <https:// www.prematuridade.com/index.php/noticia-mod-interna/ prematuridade-e-a-prorrogacao-do-inicio-da-licenca-ma-ternidade-8889>. Acesso em: 17 de set. de 2020.

RAPPAPORT, C. R.; FIORI, W. R. & DAVIS, C. *Teorias do desenvolvimento: Conceitos fundamentais*. São Paulo: E.P.U., 1981.

Referências bibliográficas

Registro Brasileiro de Gêmeos, 2013. Disponível em: <http://www.gemeosbrasil.org/>. Acesso em: 17 de set. de 2020.

RODGERS, L. J. & ROWE, D. C. *IQ similarity in twins, siblings, half siblings, cousins, and random pairs.* Intelligence, 1987, 11(3), p. 199.

SCHAVE, B. & FOX, F. *Similarities and differences between six-year old identical and fraternal twins and their parents on measures of locus of control and moral development.* Educational Research Quartely, 1986, 11(1), pp. 49-56.

SIEGEL, S. *Estatística não paramétrica.* São Paulo: McGraw-Hill do Brasil, 1977.

SILVA, André. *Famosos com irmãos gêmeos que não são tão parecidos com eles.* Disponível em: <https://www.curiosidades.com.br/2020/07/famosos-com-irmaos-gemeos/>. Acesso em: 17 de set. de 2020.

VASCONCELLOS, Renata. *Conheça os famosos que têm irmãos gêmeos e talvez você não sabia.* Meionorte.com, 2020. Disponível em: <https://www.meionorte.com/curiosidades/conheca-os-famosos-que-tem-irmaos-gemeos-e--talvez-voce-nao-sabia>. Acesso em: 17 de set. de 2020.

Índice remissivo

Aprendi 10, 19, 87

Aprendizado........................... 35, 119, 141, 150

Bebê 33, 34, 37, 40

Biologia 6, 128

Carinho.. 5, 9, 58, 72

Caçulas.. 43, 51, 71

Certeza 24, 28, 36

Chegada 43, 77, 79

Conhecimento 6, 10, 78

Corpo 34, 54, 85, 98

Crescendo 20, 38, 43, 97

Cuidados.............................23, 39, 40, 59, 63

Dia.. 24, 25, 28

Dificuldades.........................26, 65, 94, 108

Duas.. 24, 27, 29

Dupla 23, 24, 31

Enjoo 34, 36, 117

Escola 72, 81, 82

Exame..26, 29

Experiências 20, 24, 121

Facebook 8, 11

Filho...5, 65, 79

Gemelares 18, 30, 31

Gêmeos................................. 37, 72, 146

Gestação................................ 26, 33, 34, 39

Grávida.................................. 26, 35, 144

História.................................. 24, 70, 76

Histórico...30, 31

Idênticos 30, 83, 145,146

Informações............................. 46, 56, 57

Instagram 8, 11

Juntos.................................. 39, 66, 68, 84

Rotina 23, 24, 38, 59

Mãe.................................. 29, 30, 32, 37

Maternidade.........................97, 145

Múltipla 30, 31

Mundo.................................. 23, 25, 32

Mundo gemelar 5, 9, 10, 133

Nascimento.. 24, 45, 49, 61

Organização 39, 76, 79

Planejado... 27, 28, 105

Prática... 21, 76, 78

Problema... 29, 84

Realidade.. 35, 76, 107

Respeito 5, 9

Saúde 29, 34, 35

Sentimentos.................................... 32, 45, 58

Sono 39, 93, 94

Trabalho 32, 45, 50, 76

Ultrassonografia......................................28, 36

Univitelinos 32, 37, 139

Viagem 58, 109, 113, 114